JN277463

仕事をしなければ、自分はみつからない。

フリーター世代の生きる道

三浦展
Atsushi Miura

晶文社

装丁：山本誠デザイン室

写真：三浦展（カバー・本文とも、ただし155頁を除く）

序 日本の若者は荘子である⁉

日本の若者は社会がこれ以上経済的に豊かになることにあまり意味を感じていない。この豊かさがいつまで続くのかということも考えていない。彼らは生まれたときからすでに社会が豊かだった。生活の中に物が溢れていた。だから彼らにとって豊かさは、将来の目標でも、未来の理想でもない。今までも、これからも、ずっとつづくはずの日常なのである。

団塊世代までの日本人の生活ポリシーはいわばグッド・ライフ志向だった。グッド・ライフとは、一九五〇年代のアメリカの豊かな生活のイメージを表す言葉である。高度成長期前夜、日本人は皆、アメリカのように物質的に豊かになりたいと思った。その願望が、高度成長を推進する原動力であった。

グッド・ライフがほぼ実現された七〇年代に少年だった新人類世代が、八〇年代以降若者になり大人になると、ベター・ライフ志向が強まった。つまり、ワンランク上を目指すということである。物質の量としては、ほぼ満足できる生活が実現したので、もっと質の高い物が欲しいという価値観である。そしてその価値観はヨーロッパの高級ブランド志向として現れた。

ところが、新人類世代よりもさらに十五歳から二十歳くらい若い今の若者になると、アメリカ的生活とかヨーロッパのブランドのようなわかりやすい豊かさの基準では自分の幸福を計れなくなり、自分にとって最適なものを求めるという価値観が強まった。それを私は〝マイ・ベスト・ライフ志向〟あるいは〝自己最適化志向〟と名付けている。

〝ザ・ベスト・ライフ〟という絶対的なものはない。あくまで〝私の〟〝マイ・ベスト・ライフ〟、つまり私にとって一番いいものは何か、一番快適なことは何か、一番自分が好きなものは何か、自分らしいものは何かを重視する価値観に変わったのである。

だが、自分らしいもの、自分にとって最適なものを見つけるのは難しい。だから、若者の中には、強力なイメージを持ったブランドを買うことで、自分らしさが表現できると信じようとする者も増える。

しかし、本当はブランドなんて買っても、自分らしさは見つからない。自分らしさを求めれば求めるほど、実は自分に「自分らしさ」なんてあるのかどうか疑わしくなる。自分らしさが何なのかわからなくなるのだ。

こうしてあてどのない「自分探し」が始まる。その意味では、世界中の物が溢れているこの日本で、まだ開拓されていない未知の市場があるとすれば、それは「自分」だ、というのが私の認識である。というより、若者自身が無意識にそう感じているふしがある。若者は、その未知の、未開拓の「自分」の最先端にいるのだ。

若者のフリーターは現在四百万人以上いると言われている。その理由には、もちろん不況による就職難がある。が、フリーターがバブル時代にも増えていたことを考えると、不況だけが原因だとは言い切れない。バブル時代は、バイトだけでも生きていけるからフリーターが増えたと言われた。景気がよくても悪くてもフリーターは増えている。

むしろ一貫しているのは、やりたい仕事がわからない若者が増えたということであろう。いまの若者は、仕事を通じても自分らしさを感じたいと思っている。逆に言えば、たとえお金がたくさんもらえても、自分らしさを疎外する仕事は我慢ができないという価値観の若者が増えたのだ。

もちろん昔の若者も嫌な仕事はあったが、生活が貧しかったからつらい仕事にも耐えなければならなかった。やりたいことをみつけなければならないという強迫じみた考え方もあまりなかった。飢餓と貧困からの脱出という目標が労働の意味を根本から規定していたので、働く意味は明白であり、やりたい仕事を選ぶとか、自分らしい仕事がしたいなどと考える余裕はなかったのだ。

やりたいことを見つけようとふらふらできたのは少数のアッパーミドルクラスのおぼっちゃまだけだった。それが八〇年代以降、日本が豊かな社会になると、おぼっちゃまでなくても、誰でも、お金のためだけではなく、自分がやりたいことをするために、自己実現のために働くことができる時代が来た。

しかしあまりに突然そういう時代が来たために、やりたいことがわからないといって悩み始めた。若者は自分がやりたいことを考える教育なんて受けていない。職業教育なんて誰もしてこなかったわけだし、成績順に学校をランキングして子どもをそこに押し込んできただけだ。そういう社会なのだから、やりたいことがわからない若者が増えるのは当然だ。

あるとき、私の教えた大学院にいた中国からの女子留学生が面白いことを言った。

「日本の若者は素晴らしい。生きるため、食べるために働かない。みんないつも自分は何なのか、何のために生きるのかを考えている。それはまるで荘子の思想のようだ」

彼女は皮肉を言っているのではない。多くの人々が富を求めてあくせくと働き、貧富の差が拡大している現在の中国から見れば、ただ食べるため、豊かになるためだけに働くことに意味を見いだせず、自己実現を求め、自分探しをしている日本の若者の生き方は、逆説的だが、一種の理想に見えたのである。

目次

第一部 フリーター世代

1 フリーター世代の職業意識

三十歳すぎてもフリーター

フリーターがいま問題になっている。最近の不況のあおりで、ここ数年フリーターが急増したためだ。人口の多い第二次ベビーブーム世代（一九七一〜七四年生まれ）が、就職しようとしたころバブルがはじけ、三十歳を過ぎてもフリーターを続ける者が増えたことも、フリーターの総数をますます増加させている。

『平成十五年版　国民生活白書』によれば、十五〜三十四歳で、学生、主婦を除き、パート・アルバイト（派遣等を含む）および働く意志のある無職の人をフリーターと定義すると、二〇〇一年のフリーターの数は四一七万人にのぼるという。一九九〇年は一八三万人だったから、二・三倍近い。十五〜三十四歳に占めるフリーター比率は九〇年の10・4％から二〇〇一年は21・2％に倍増している（図1）。

図1　フリーターの数

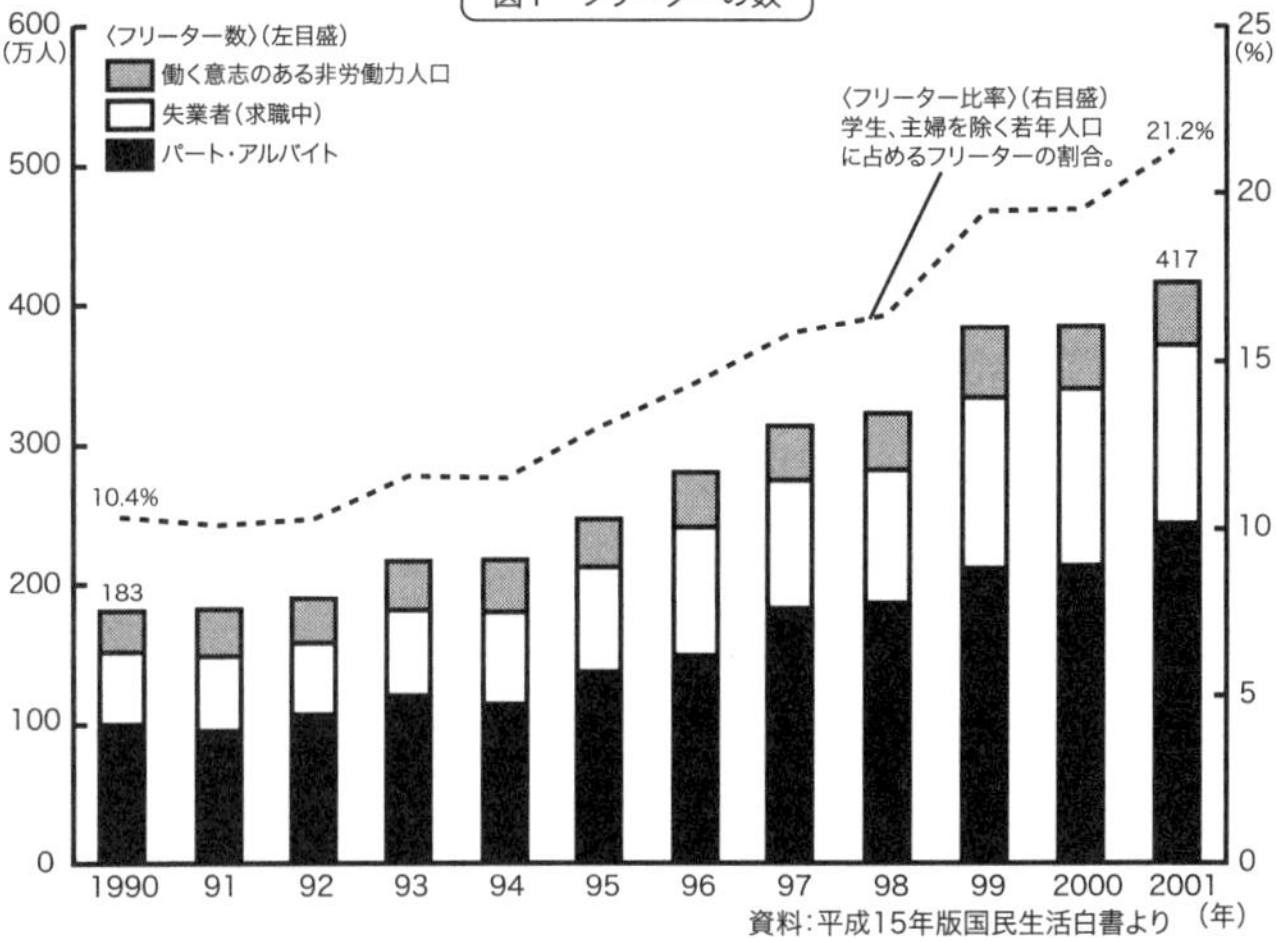

資料：平成15年版国民生活白書より

フリーターの年齢構成は二十五～二十九歳が一五二万人、二十～二十四歳が一四三万人と、二十代が多いが、近年は三十歳以上も増えている。九二年には二九万人だった三十～三十四歳のフリーターは二〇〇一年には八〇万人に増加しているのである（図2）。

二〇〇一年の二十五～二十九歳は人口の多い第二次ベビーブーム世代に当たる。これが二〇〇五年には三十～三十四歳になるので、三十代のフリーターはますます増えると予測される。

大卒フリーターが毎年一四万人発生

学歴別では大卒のフリーターが増えている。高卒者ではもともとフリーターになる者が多かった。一九八〇年の高卒者では九万人がフリーターになっている。二〇〇二年は十四万人だから五万人の増加だ（図3）。

それに対して、大卒でフリーターになる者は一九八〇年には四万人しかいなかったが、二〇〇二年は一四万人である。一〇万人も増えたのである。

『平成十五年版　国民生活白書』では、卒業後に就職した者とフリーターになった者の合計を分母にして、フリーターになった物の数を分子にした割合を、フリーター比率と呼んでいる。これによると、高卒者のフリーター比率は一九八五年には10・8％だったが二〇〇二年は38・4％にまで上昇している。大卒者のフリーター比率も九〇年には7・4％だったが二〇〇二年は31・3％に急増している。

しかも高卒者の就職者比率（高卒者全体に占める就職者の割合）は一九八〇年の41・6％から二〇〇二

図2　年齢別フリーター人数

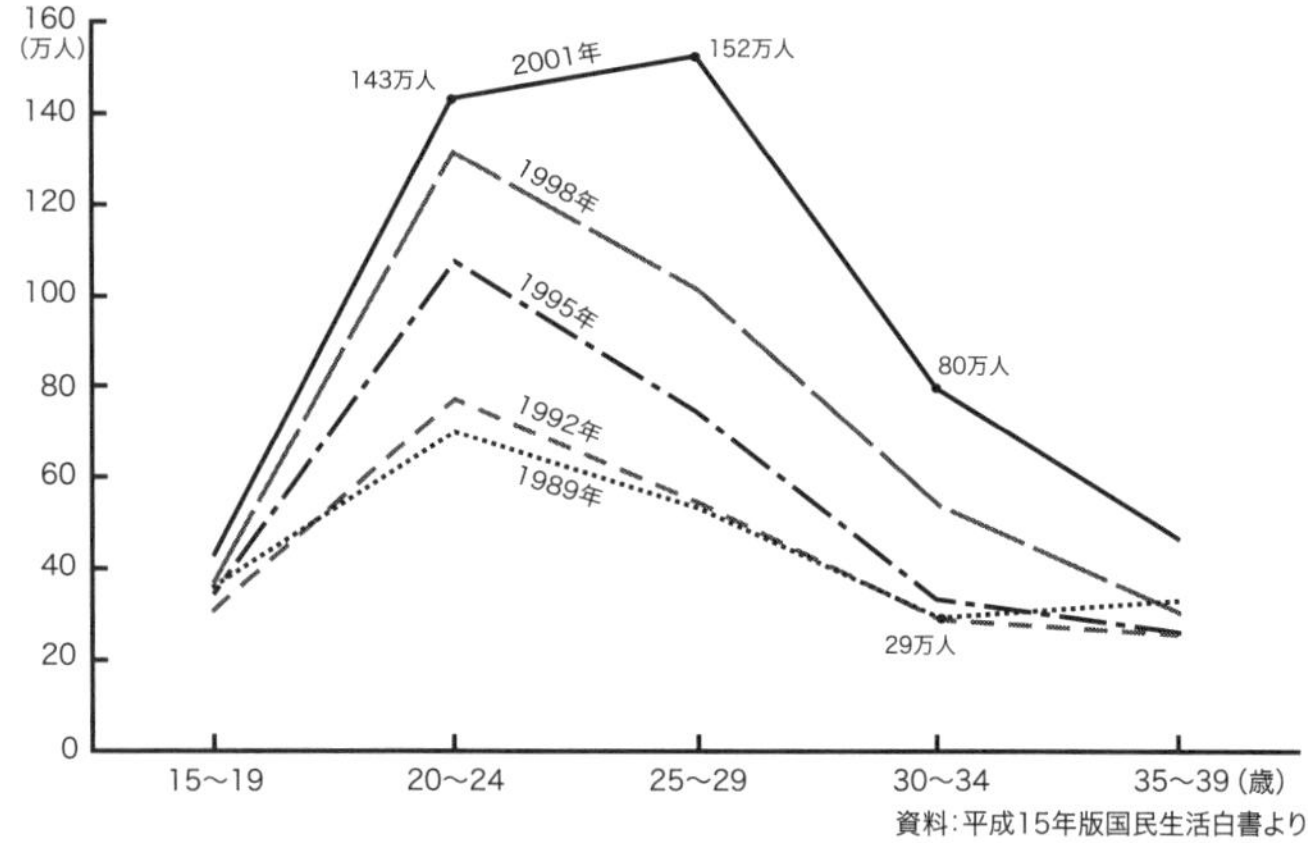

資料：平成15年版国民生活白書より

図3　就職者の割合は低下、フリーターの割合は上昇

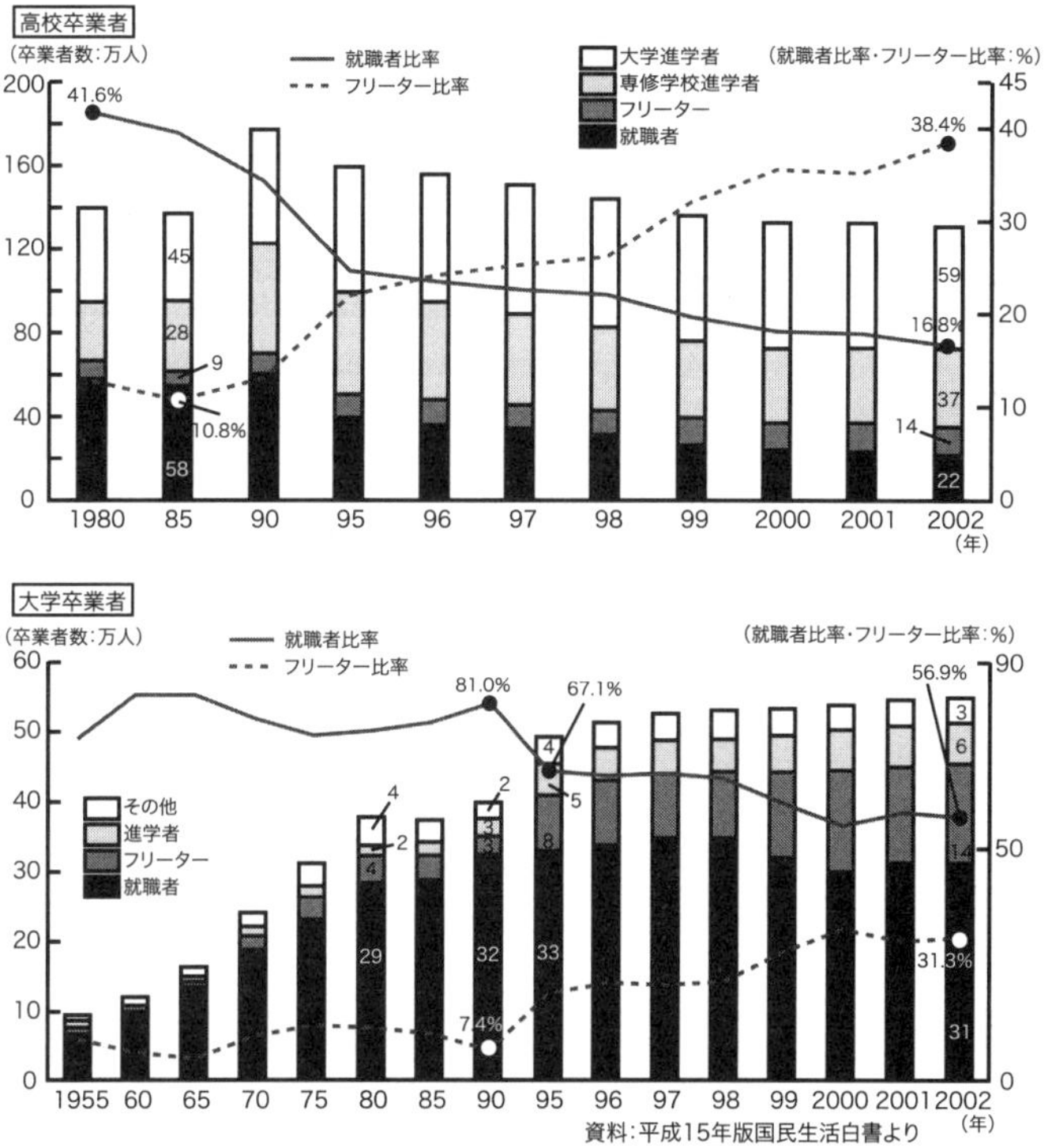

資料:平成15年版国民生活白書より

表1　大卒者の求人数と就職者数　(単位:万人)

	1996年	2002年
求人数	39	57
就職者数	34	31

資料:平成15年版国民生活白書より

年は16・8％に低下している。大卒者も九〇年の81％から九五年は67・1％、二〇〇二年は56・9％に低下している（図3）。

つまり、一九八〇年ごろからすでに高卒者の就職率は三、四割に低下しており、大学に進まないとよい就職はできないという状況があった。そこで九〇年代以降は大学進学率が増加し、九〇年に男女合計で24・6％だった大学進学率は二〇〇二年には40・5％にまで上昇した。もちろん、九五年以降、第二次ベビーブーム世代が去った大学が定員割れを避けたために、人口の少ない後続世代の大学進学は簡単になっていた。そのことも、進学率上昇の背景にある。

ところがバブルがはじけ、不況が長引くにつれ、大卒者への求人は減少する。九一年には、大卒求人数八十四万人に対して就職希望者は二十九万人で、求人倍率（就職希望者／求人数）は2・86倍だったのが、九六年には求人数三九万人にまで減少した。最も人口の多い一九七三年生まれ前後が就職するときに、最も求人が少なかったのである。当然ここでフリーターが増加することになった。九〇年には三万人だった大卒フリーター数は、第二次ベビーブーム世代が大学を卒業する九五年以降は八〜九万人に急増している（図3）。十五〜三十四歳の失業者数も九〇年は六九万人だったが、九六〜九八年は一一〇万人台に上昇した。

広がるミスマッチは世代意識の変化のためか？

二〇〇〇年以降、大卒者の求人数はやや回復し、二〇〇二年は五七万人の求人があった。求人倍率も0・99から1・30に向上している。しかし、就職者数は三一万人程度にとどまっている。五七万人の求人に対して三一万人の就職者だから、残り二六万人はミスマッチだということである。求人の半数近くがミスマッチで充足されないのだ。九六年は求人が三九万人しかなかったが就職者数は三四万人である。ミスマッチは五万人しかいない（表1）。

つまり第二次ベビーブーム世代は、希望通りではないかもしれないが、とにかく就職した世代なのだ。それに対して、二〇〇〇年以降の大卒者は、自分の希望と違う会社、仕事だったら就職しない世代だと言えるだろう。自分に合わないことはしたくないのだ。

もちろん、大企業が採用を絞り続けているという事情もある。大企業に入れないなら、中小企業しかないのなら、フリーターでいいやと思ったとしても仕方がないとも言える。

また、製造業の工場が海外に移転したために就職口が減っていることもたしかである。以前、財務省の方に、アメリカに移転した工場を日本に戻せば失業なんて全部なくなるんじゃないですかと言ったら、「それはできません」という返事だった。どうして「できません」なのか知らないが、そもそもアメリカに工場を造ったのはアメリカの失業者を減らすためだ。その結果日本の中に失業者が増えたのである。他国の失業問題よりも自国の失業問題のほうが重要ではないかと思うが、どうもそうはいかないらしい。

とにもかくにも、五七万人の求人に対して就職者三一万人、そして毎年大卒フリーターが一四万人増加という、大ミスマッチ時代が到来したのである。それは世代論的に言えば、第二次ベビーブーム世代以降、フリーターという働き方を非常事態と考えない世代が現れたということである。最初からフリーターを人生の選択肢として前提にしているのだ。まさに「フリーター世代」が誕生したのである。

真性団塊ジュニア世代が「フリーター世代」

話がそれたが、五七万人の求人に対して就職者三一万人という近年の傾向は、世代論研究者としての私にとって非常に興味深いものだ。

マーケティングの世界では、第二次ベビーブーム世代（一九七一〜七四年生まれ）を団塊ジュニア世代とも呼ぶ。誰が最初にそういったか知らないが、団塊ジュニア世代と名付けてしまうと、素直な人は団塊世代の子どもだと思うだろう。しかし第二次ベビーブーム世代は必ずしも

図4　団塊世代が産んだ子どもの数

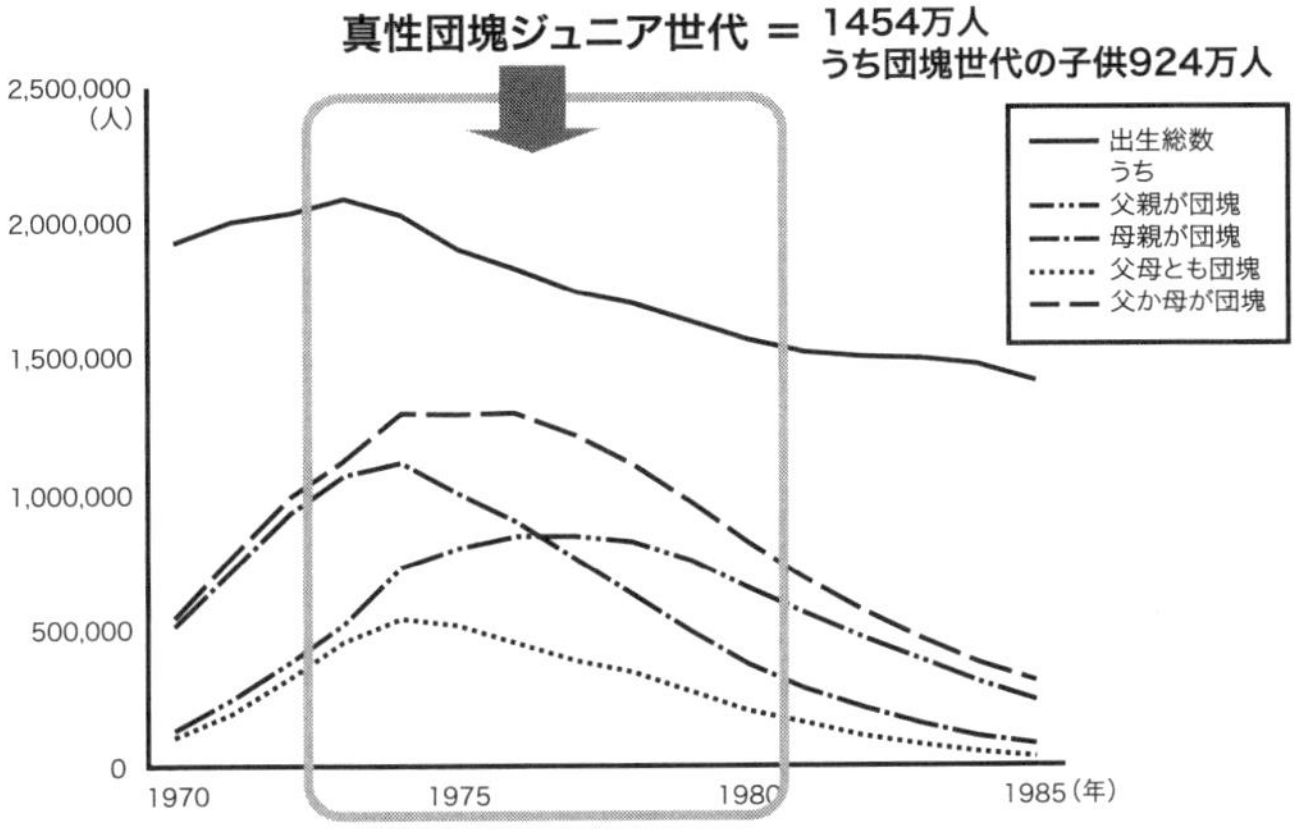

資料:厚生労働省「人口動態統計」をもとに三浦が算出

団塊世代の子どもが多いわけではないのである。

団塊世代の両親を持つ比率が最も多いのは一九七三年から八〇年に生まれた世代だ。この八年間に生まれた子どもは毎年五〇%以上が団塊世代の親を持つ。八年間の合計では、総数一四五四万人のうち63・5%の九二四万人が団塊世代の親を持っているのだ。特に七五年から七九年は67・2%もいる。最も団塊世代の親の比率が高い世代なのだ（図4）。

もちろん第二次ベビーブーム世代にも団塊世代の子どもはいる。47・5%が団塊世代の女性が産んだ子どもである。しかし、父親が団塊世代なのは23・2%しかいない。父親はもっと年上なのだ。

ところが七五年から七九年に生まれた子どもは、団塊世代の父親が46・7%に倍増する。両親とも団塊世代は23・1%、父親が団塊で母親がその下の世代（一九五〇年代前半生まれ）は22・1％いる。

だからわたしは、一九七三〜八〇年生まれ、特に七五年から七九年生まれを、団塊世代の本当の子どもの世代という意味で「真性団塊ジュニア世代」、七一〜七四年生まれを「ニセ団塊ジュニア世代」と名付けた（拙著『マイホームレス・チャイルド』クラブハウス、『これからの一〇年団塊ジュニア一四〇〇万人がコア市場になる！』中経出版）。

両親が団塊世代以降の戦後世代である子どもたちは、戦後生まれ世代の二代目だということでもある。だからこそ真性団塊ジュニア世代の価値観は新しい。古い価値観を物ともしない。親はフォーク世代で、長髪で、アンノン族だったのだ。そういう親からは、古い価値観を破壊する新しい世代が登場して当然である。

たとえば「コギャル」。この言葉は一九九三年に登場した。そのときの高校生は一九七五〜七七年生まれ。まさに真性団塊ジュニア世代だった。女子はルーズソックス、男子はズボンを腰の下までおろすだらしな系のファッション、髪型は茶髪、男子なら寝癖ヘア。商品で言えばプリクラ、たまごっち、ＰＨＳ、携帯電話、ｉモード、１０９のカリスマ店員、カフェのブーム、そして平気で地べたに座り込む行動などなど、九三年以降現在までの若者の風俗流行の担い手はいつもこの真性団塊ジュニア世代だったのである。

表2　がんばる派かのんびり派か（中学生・高校生）

選択肢／調査年		1982年	1987年	1992年	2002年
他人に負けないようにがんばる	中学生	63.2%	55.5%	52.3%	43.8%
	高校生	47.0%	46.2%	44.1%	33.5%
のんびりと自分の人生を楽しむ	中学生	33.7%	39.2%	44.4%	51.7%
	高校生	49.2%	49.0%	54.7%	61.3%
どちらともいえない、わからない、無回答	中学生	3.1%	5.3%	3.3%	4.5%
	高校生	3.8%	4.8%	1.2%	5.2%

表3　がんばる派かのんびり派か（父親・母親）

選択肢／調査年		1982年	1987年	1992年	2002年
他人に負けないようにがんばる	父親	60.0%	56.2%	50.8%	46.4%
	母親	40.0%	35.8%	29.4%	26.3%
のんびりと自分の人生を楽しむ	父親	34.7%	39.3%	44.5%	52.9%
	母親	55.1%	59.7%	66.3%	73.4%
無回答	父親	5.2%	4.4%	4.8%	0.7%
	母親	4.9%	4.6%	4.2%	0.3%

資料：NHK放送文化研究所「中学生・高校生の生活と意識調査」（NHK出版）より抜粋

子どもの就職を断る親

真性団塊ジュニア世代の中でも最も中心となる七六〜七八年生まれは、高卒なら一九九五年、大卒なら九九年ごろから就職時期に入る。九五年という年は、先に見たように、高卒者の就職率ががくんと低下する年だ。そして九九年は大卒者の就職率がやはり下がる。景気情勢の影響はもちろんあるが、どうも真性団塊ジュニアの世代的特徴がますますフリーター問題を深刻化させたとも言えそうなのである。

たとえばＮＨＫ放送文化研究所が中高生に行っている調査を見てみよう。「他人に負けないようにがんばる」か「のんびりと自分の人生を楽しむ」かで、よいと思う生き方を選択させた質問で、一九八二年の中学生は、63・2％が「がんばる派」だったのが、九二年の中学生は「のんびり派」が44・4％になっている。高校生は54・7％だ。「がんばる派」と「のんびり派」がちょうど半々になったのだ。九二年の中高生は七四〜七九年生まれくらいだから、ぴったり真性団塊ジュニア世代に当たる。真性団塊ジュニア世代は「のんびり派」が半数を占める世代なのである（表2）。

しかも親のほうも「のんびり派」が増えている。八二年の父親はがんばる派が60・0％、のんびり派が34・7％だったのが、九二年はがんばる派が50・8％、のんびり派が44・5％である（表3）。

母親も八二年はがんばる派が40・0％、のんびり派が55・1％だったのが、九二年はがんばる派が29・4％、のんびり派が66・3％である。

いつか新聞記事で読んだが、ある高校生男子が授業中に居眠りばかりするので、教師が母親に電話すると、母親は、「うちの息子は眠いんだから、眠らせて下さい」と言ったという。

また、私が東京都の教育長から直接聞いた話では、ある高校生男子の成績が良かったので、進路指導の教師が地元の優良企業への就職を勧めた。本人もその気になったが、父親が来て教師に「先生、そんな会社に就職させないでくれ。息子にはもっと自分らしい仕事をさせるから」と言って就職を断ったという。このように、フリーターの増加の理由には、親子の共犯関係があるようなのだ。

「サラリー」は「マン」ではない

また、同じNHK放送文化研究所の「日本人の意識」調査では、生活目標として、「その日その日を、自由に楽しく過ごす」「しっかりと計画をたてて、豊かな生活を実現する」「身近な人たちと、なごやかな毎日を送る」「みんなと力を合わせて、世の中をよくする」という四つから自分の考えに近いもの一つを選ばせている。

その結果を見ると、二〇～二四歳では「しっかり計画」が七三年の31％から九八年は23％に減少している。九八年の二〇～二四歳は七四～七八年生まれだから真性団塊ジュニア世代だ。逆に、「その日その日」は七三年からずっと25～30％ほどで、九八年は32％である。真性団塊ジュニア世代は「計画派」より「その日暮らし派」が多い世代なのである。

のんびり派で、その日暮らし派の真性団塊ジュニア世代が、フリーターを選択するのは当然だ。せっせと就職活動をするわけはないし、就職するとしても、気楽な仕事を選ぶだろう。そして気に入らないことがあれば、すぐに辞めるに違いない。勤労意欲が低下していることは間違いない。

そういえば三年ほど前の夏のこと。こんなことがあった。

私は新宿でバスに乗っていた。私の席の後ろにはガングロ風のコギャル女子高生が二人、ずっと何かを話している。窓から、猛暑のなか汗をぬぐいながら歩いているサラリーマンが目に入った。するとくだんの女子高生は言った。

「サラリー、大変だよねえ、サラリー。暑いのに。ああ、働きたくねえなあ」

いくらなんでもサラリーマンをサラリーと呼ぶことはないだろうと私は思った。彼女たちにとって、サラリーマンはマン（人間）ではないのだ。

フリーターのタイプ

日本労働研究機構主任研究員の小杉礼子氏は、近年継続的にフリーター問題を研究されている。

小杉氏によれば、フリーターは以下の七つに分類できるという（小杉礼子『フリーターという生き方』勁草書房）。

〔モラトリアム型〕

1　離学モラトリアム型：職業や将来に対する見通しを持たずに教育機関を中退・修了し、フリーターになったタイプ

2　離職モラトリアム型：離職時に当初の見通しがはっきりしないままフリーターとなったタイプ

〔夢追求型〕

3　芸能志向型：バンドや演劇、俳優など、芸能関係を志向してフリーターとなったタイプ

4　職人・フリーランス志向型：ケーキ職人、バーテンダー、脚本家など、自分の技能・技術で身を立てる職業を志向してフリーターとなったタイプ

〔やむを得ず型〕

5　正規雇用志向型：正規雇用を志向しつつフリーターとなったタイプ、特定の職業に参入機会を待っていたタイプ、および比較的正社員に近い派遣を選んだタイプ

6　期間限定型：学費稼ぎのため、または次の入学時期や就職時期までといった期間限

定の見通しを持ってフリーターとなったタイプ

7　プライベート・トラブル型：本人や家族の病気、事業の倒産、異性関係のトラブルなどが契機となってフリーターとなったタイプ

やむを得ず型は、文字通りやむを得ない。景気回復によって雇用情勢が好転すれば減るタイプといえる。問題はモラトリアム型と夢追求型、特にモラトリアム型であろう。

自由・気楽志向のフリーター

小杉氏によれば、高校生でフリーターを志向するグループは、「一つの仕事に限らずいろいろ経験したい」「自分に合わない仕事ならしたくない」「有名になりたい」という気持ちが強く、「安定した職業生活」「人より高い収入」を望んでいない。それは「仕事に個性発揮を求める意識と、それがわからないからいろいろ経験したいという気持ちを示すもの」であるという。

なぜフリーターになるかといえば仕事の「他にやりたいことがあるから」という回答が23%、特に男子では29%を占める。「自分に向いた仕事がわからない」も15%、男子ではやはり18%と多い。

では、やりたいこととは何かというと、具体的には、男子ではバンド、ダンス、芸人、タレント、ボクサー、レーサーなど、女子では音楽系のほかに、習い事、特定の勉強、職人的仕事などである。

さらに小杉氏は、フリーターになる理由を統計学的に分析した結果、その理由には五つの成分、つまり「自由・気楽志向」「進学費用」「就職難」「勉強嫌い」「やりたいこと志向」という成分があり、特に第一の「自由・気楽志向」が多くのフリーター志向の高校生に共通しているという。

「自由・気楽志向」とは、フリーターのほうが正社員より「気軽に仕事が変われる」「人間関係が気楽」「時間の自由がある」「収入がいい」といった理由からなる。

またフリーターは「自分探しのためにはいいことだ」「そのうちきちんとした仕事に就く人が多いのでたいした問題ではない」、あるいは「夢を実現するためにフリーターをしている人はかっこいい」という価値観も強いと小杉氏は言う。

夢のために何もしない

しかし小杉氏も指摘しているように、現実には夢を実現するためにフリーターになる若者ではなく、夢を実現するためにフリーターをしている人に憧れてフリーターになる若者も多い。そういう若者は、夢を見ているだけで、夢の実現のために具体的に何もしないのである。

ある日、私に突然見知らぬ若者から電子メールが届いた。二十四歳で、地方から上京して、フリーターをしていたが、いまは埼玉県で飲食店を経営しているという。私の本を読んだという彼はこう書いてきた。

僕は現在、埼玉県の戸田市で飲食店を経営しています。二十二歳の時に独立したので、もう二年以上経ちました。その間、僕は一度も就職したことがありません、つまりフリーターから独立したんです。

その間いろいろな店でバイトをして来たわけですが、僕が見てきたフリーターには共通点があるんです。それは、みんななにかしら「夢」を持ってるんです。選択肢が多くてやりたいことがわからない時代とよく聞きますが、フリーターは、ほぼ「夢」を持ってるんです。じゃあ、そのフリーターが「夢」に向かって何かしてるかと言えば、なにもしてないんです。（ほんの少しの努力はしている）僕は疑問で仕方ありませんでした。

あるとき思ったんです。フリーターは「夢」を語り、自分を守ってるんじゃないかと。その時僕はなぜか、すごいあせりを感じました。ぼくは「やればなんだってできる」というのを証明したくて独立したんです。

夢を実現したフリーターが、夢を語るだけで何もしないフリーターに不安を感じているというのだ。夢を持ったフリーターならよいという考えもあるが、現実には、フリーターでありつづけながら夢を持ちつづけるほうが難しいともいえる。夢を実現し、フリーターから抜け出す方法が、フリーターをしていてはわからない。問題の根は深いのだ。

パラサイトのフリーター夫婦が増える

夢のために何もしないフリーターも、セックスはする。おかげで最近同棲が流行っているらしい。

同棲などというと、私などは三十年以上前に上村一夫の人気マンガで映画化もされた『同棲時代』を思い出し、なんだか古くさい印象を持つのだが、私の仕事を手伝いに来る女子学生たちに聞いても、彼女たちのまわりに同棲カップルはたくさんいるという。しかしそれは結婚を前提とした同棲ではなく、あくまで同棲してもよいと思える相手との同棲らしいのだ。

つまり、異性の役割が、友達、恋人、同棲、結婚、あるいはセックスというように分かれていて、必ずしも一人の相手と友達から始まって結婚に段階的に移行するわけではない。ある人とは同棲する、別の人とはセックスだけするという使い分けが生じてきているようなのである。

そうなると、彼らは結婚するのか？

上野千鶴子との対談集『ザ・フェミニズム』（筑摩書房）において小倉千加子は言っている。

「今の若い子は晩婚化にはならないと思いますね。……結婚の条件ってガラッと違います。今の短大生に聞くと、『一緒にいて楽な人、癒してくれる人』、もう癒し系結婚ですね。……お金のこととか出てこないです。フリーターどうしでくっついちゃって、経済は出てこないんです」

しかし経済のない結婚なんてあるのか？　もちろん親の家があるからフリーターどうしでも結婚できるのだ。パラサイト同棲である。

「できちゃった婚」の増加は若者の「農民化」のため？

たしかに、カルチャースタディーズ研究所が二〇〇四年に埼玉県の大宮駅周辺でインタビューした十七〜十九歳の女子四名のうち、なんと二名が同棲中であった。男女いずれかの実家にころがりこんでの同棲なのである。ひとりはフリーター、ひとりはまだ高校生である。

厚生労働省の分析によれば、いわゆる「できちゃった婚」も一九八〇年には八万三千人だったのが、二〇〇〇年は一五万人に倍増している。第一子の出生数のうち、なんと26％が「できちゃった婚」である。

未成年でも経済力さえあれば、子どもを産んで育てられる。そうすれば少子化問題も解決するだろう。しかし現実には経済力どころか、働く気もないのである。

このように、一昔前の価値観からすれば、なんだかだらしのない、ゆるーい価値観が普通になり、なんとなく同棲して、なんとなく子どもができて、じゃあ、という感じで入籍するというパターンが増えているのであろう。

しかしそういう行動様式は、近代化以前の農民と似ているような気もする。独立心や将来の希望をもてずただ現状の中で停滞している。中流社会の固定化の中で、価値観の農民化が進んでいると言えないこともない。

若者に不足する基礎的能力

さて次に、フリーターの仕事への意欲や能力がどう評価されているかを見てみよう。

内閣府の「若年層の意識実態調査」によれば、「より専門的・高度な仕事をしたい」「より責任のある仕事をしたい」という項目でフリーターは正社員より低く、「仕事が面白くなければ辞めればよい」「豊かでなくても気ままに暮らしたい」という項目で正社員より高い。

また「パソコン・インターネットで情報を得る」「簡単な資料やレポート作成ができる」「表計算ができる」「グラフが描ける」などでフリーターの能力は低く、パソコンが「ほとんど使えない」という者が37・6％もいる。

しかしこの回答は自己申告なので、本当にそういう能力があるかどうかは疑わしい。私は学生やフリーターをアルバイトで雇うことがあるが、社会学系の学生や美大生で「表計算ができる」「グラフが描ける」能力はほぼ皆無である。ワードのようなワープロソフトでも機能をほとんど使いこなせていない。ましてエクセル、パワーポイントはまず扱えない。いまの大学生から二十代は、小中学校でパソコン教育を受けた世代ではないし、大学でもまだパソコン教育は十分に行われていない。携帯電話は使いこなせてもパソコンは使えないし、パソコンを使っても、それはゲームをするためなのである。こういう学生が正社員にならずにフリーターになって、パソコン能力を向上させる可能性は低い。

宅配便のドライバーも大卒だけになる⁉

　では企業側は若者をどう見ているか。東京商工会議所の「新卒者等採用動向調査」によると、二〇〇二年四月に新卒者を予定通り確保できなかった理由として、47・1％が「いい人材がいない」と答えたという。

　また、最近の採用に関する悩みとしては「学生の就業意識の低下、やる気のなさ、学力の低下」などをあげる企業が多い。特に高校生については「社会人・職業人としての基本的な資質や能力の不足」が指摘されている（『平成十五年版　国民生活白書』）。

　東京経営者協会『平成十三年度・高卒新卒者の採用アンケート調査』によれば、ここ二～三年に採用した高卒者に対して不満が高いのは「基本的な生活態度、言葉づかい、マナーに問題」が42・1％、「一般常識、一般教養」が38・6％だったという。

　大卒者についても、毎日コミュニケーションズの行った「内定状況及び採用活動に関するアンケート」によると、新卒採用（四年制大学、文科系）について「質・量ともに満足」という回答は九四年は51・2％だったが二〇〇二年は34・5％に低下した。学生の能力への印象では、「コミュニケーション能力が高い」という評価が51・9％あったのに対して、「基礎知識が不足」

という回答が28％あったという。

大卒で一応会社に採用されるような人物なら、なんとかコミュニケーション能力はあるらしい。しかしやはり基礎知識には欠けるようなのである。

そういえば、某有名百貨店では数年前から店員になる女性でも四大卒しか採用していない。某有名宅配便会社では、今後ドライバーの採用を四大卒だけにするらしい。いずれの職種も最低限の読み書きそろばんが必要だし、客の住所・氏名を正しく読める能力はいる。もちろん接客態度、言葉づかいなどのコミュニケーション能力も重要だ。百貨店店員なら商品知識を身に付けようという意欲もいるだろう。そうなると、四大卒ということになるらしい。高卒やフリーターだとどうもだめらしいのである。

たしかに、日本の宅配便は優秀だ。明日の午後二時から四時と指定して配達してもらえる。情報システムと優秀なドライバーの両輪があって初めて可能になる、日本人にしかできない驚異のシステムだ。国力とはこういうところにあるとつくづく実感する。ノーベル賞受賞者やビル・ゲイツのような人物が出やすいことも国力だろうが、宅配便が時間通りに届くことも素晴らしい国力だ。おそらく役人を半分に減らしても日本は衰退しない、それどころかもっと発展するかもしれないが、宅配便のドライバーが半減したら、あっという間に日本中がパニックになるにちがいない。いま、この原稿はパリで書いているが、宅配便の集荷が午前か午後か指定できない。しかも午後と指定したのに午前中に集荷に来た。フランスではこんなものであろう。

「支店長も白髪を染めているじゃないか」と言う茶髪社員

私が若者を研究していることもあって、最近、ある銀行の人事部の方に講演を頼まれたことがある。そのとき聞いた話が面白かった。

ある新入社員が茶髪にしてきた。銀行で茶髪は困るというので、支店長が注意した。すると彼は「支店長だって、白髪染めしてるじゃないですか」と言ったというのである。「こういうときは、どうすればいいんですか」と聞かれたが、そう言われても私も困る。

私も今時の若者についてはいろいろな経験をしている。某広告代理店Dでは、エレベータに乗ると、女子社員がコーヒーを飲んでいたし、別の代理店Hの会議室で打ち合わせをしようとすると、客である私にお茶が出るより先に、手に持っているコーヒーをすすっている女子社員がいた。最近の若者はいつでもどこでも飲食するが、客がいるエレベータのなかや会議室のなかで、自分のコーヒーを最優先しなくてもよさそうなものである。

大企業でもこういう状態だから、あとは推して知るべし。

私は個人営業で、一人で仕事をしているので、事務もお茶くみも掃除もコピーもすべて自分でする。大量にコピーが必要なときは、ビジネスコンビニと呼ばれる店を利用する。だいたい、一〇〇ページくらいの原稿を三〇部くらいコピーして、製本してもらうというのが主な注文内容だ。こういう注文をしに、私は年に数回ビジネスコンビニに出向く。

このビジネスコンビニがひどい。フリーターの能力がどの程度かを実感したければ、ビジネスコンビニに行けばすぐにわかる。本書の読者の方には、私のように個人営業の方は少ないだろう。大企業勤務の方ならなおさら、自分でビジネスコンビニに行く機会はないだろうし、大企業の若手社員はそれなりに優秀だから、フリーターの能力の低さを実感することはあまりないだろう。だが、本当に驚くほどひどいのだ。

フリーターは馬鹿なのか？

まず私が受付に行く。すると、てきぱきとか、はきはきといった言葉とはまるで対極の雰囲気で、のそのそと店員がやってくる。走ってくる者は皆無である。俺が受付するのかなあ、たりぃなあ、誰かやってくんないかなあ、やっぱ俺かあ、じゃあ、しかたない、やだけど行くかあ、といった雰囲気である。

そして彼は受付のカウンターの前に立つ。そしてしばらくじっと立っている。何も言わない。

ただ立って私を見ている。

こいつはバカなのか!?　私は真剣に疑う。が、本当にバカかどうかを試している暇はない。いらっしゃいませくらい言えよな、と思いながら、私のほうから、「コピーお願いします」と第一声を発する。

向こうにしてみれば、ビジネスコンビニに来たんだから、コピーするに決まってる、まさかハンバーガーをくれとは言わないだろう、だから特に「今日はいかがいたしましょう」なんて言う必要はないと思っているのかもしれない。

いやあ、そこまで考えてないな。単に客が来たら「いらっしゃいませ」くらい言うもんだという常識がないのであろう。こういう人間は普通のコンビニでは採用されないので、ビジネスコンビニに流れてきたのかもしれない。

もちろん普通のコンビニにも会社によって差がある。セブン-イレブンはさすがに店員指導も行き届いている。機械のように「いらっしゃいませ、こんにちは」と繰り返すのはいただけないが、何も言わずにのそっと立っているよりはましだ。これが別のAというコンビニだと、もうだめだ。ろくに「いらっしゃいませ」とも言わないし、言ったとしてもぼそっと言うだけである。

物を数える仕事は中国人でないと無理？

考えてみると、少なくとも私のよく行くセブン‐イレブンの店員は中年女性と中国人だけである。Ａのほうは、だいたい汚い格好をしたフリーターである。まともな接客態度を教えるなら、日本人の若者よりも中国人のほうがいいし、日本人の中年女性のほうがずっといいのであろう。

それで思い出したが、先日ある回転寿司屋に行った。そこは店員がすべて中国人の若い女性なのである。留学生のアルバイトであろう。

どうしてかなあと思ったが、食べ終えて勘定をするときにわかった。その店は、食べ終わった皿を店員が目で数えて伝票に記入するのである。

最近の回転寿司屋には、皿にＩＣチップがついていて、機械でさっとスキャンするだけで勘定ができる店がある。これだと人間が皿の数を数える必要も、料金を計算する必要もない。しかし先般の店は、店員が自分の目で皿の種類を見分けて、値段ごとの枚数を伝票に手書きするのだ。おそらく、日本人のフリーターではこれが正確にできないのだ。だから中国人なのだ。日本人のフリーターを雇うなら、機械化をしておかないとだめなのだ。

もちろん機械化しても、接客態度はちゃんとしていないといけない。その点、中国人なら、多少言葉づかいが変でもご愛敬で済む。もしかすると日本語だって日本の若者よりも上手だ。少なくとも客に不快感は与えない。

これは私の勝手な推測だ。だが、先に述べた百貨店や宅配便の事例から考えて、おそらく正しい。フリーターをしている若者の多くは、読み書きそろばん、接客態度、どれをとっても使い物にならないのだ。そういう使い物にならない若者が、なぜかビジネスコンビニにはたくさんいる。

プロ意識はまったくない

こんなこともあった。

そのときの店員はのそのそしているタイプではなかった。むしろ景気のよい話し方をするタイプだった。しかし彼は半ズボンからはみ出した（そもそもなぜ店で半ズボンなのか？）すね毛の多いすねを、カウンターの上に載せるのかと思うくらい高く上げてボリボリかきながら、私の注文を用紙に書き取った。私は注文を終えると、「で、これは明日できるんだよね」と聞いた。彼は元気よく答えた。「うん！」

「うん」かあ。

彼にまったく悪気がないことは明らかだった。客に向かって「うん」はないだろと怒るほど、私はそのときすでにビジネスコンビニの素人ではなかった。何があっても驚かない。

こんなこともあった。

大量にコピー製本を頼んで、受け取りと支払いに行ったときのことだ。店員は「四万五〇〇〇円になります」と言った。多額の支払いなので、念のために私は「もう一度確認してくれる？」とお願いした。彼は計算をし直し、「あ、間違いました。六万二〇〇〇円です」と言う。四万五〇〇〇円と六万二〇〇〇円ではあまりに違いすぎる。「えっ、ずいぶん違うなあ。一体どっちが本当なの。六万円もするわけないと思うけど」と言い、もう一度計算を頼んだ。結局五万三〇〇〇円だった。それが本当に正しいかどうか確認するのはもうあきらめた。

ビジネスコンビニの店員で長期に勤めている人はいないようだ。二、三ヶ月に一度くらい行っても、一人として同じ人を見かけないからだ。もし長期で働いていれば、これくらいの分量のコピーなら三万円くらいだろうとか、六万円くらいだろうとか、なんとなく勘が働くはずだ。しかし短期でしか働かなければ、そういう勘は身に付かない。いや、そもそも仕事に必要な勘を身につけようというプロ意識は彼らにはないのだ。

「10×50＋消費税」の暗算ができない

しかし、仮にそんな気持ちがないとしても、一枚一〇円で、一〇〇ページくらいの原稿を三〇部くらいコピーすれば三万円くらいというのはすぐに暗算できるはずだ。それが五万円になっていたら、レジを打ち間違ったと疑うのが普通だろうが、彼らにはそんな芸当は期待するだけ無駄である。おそらく、そもそも暗算ということをあまりしたことがないのだろう。

そのビジネスコンビニを使い始めた初期のころ、私は店員たちの無能さに対する免疫がまだかなり不足していたため、頭に来て、その店の近くにある別のビジネスコンビニに行くことにした。それが間違いだった。

私はそこで一枚一〇円のコピーを五〇枚頼んだのだが、店員は消費税込みで五二五円ですと言うまで一分かかったのだ。いや、もしかすると二〇秒だったかもしれないが、私の気分としては一分だった。一〇〇分の一秒でもわかる計算なのに、その店員は何度も電卓を打ち間違え、脂汗を垂らしながらやっとのことで五二五円という解答を導き出したのである。別にピタゴラスの定理を証明しろと言っているのではない。たかが10×50＋5％の消費税である。しかしこれができないのである。手先も不器用だし、電卓も使えないのだ。

私の同級生は新潟県でブティックを経営しているが、バーゲンの時、「半額セールにするから値札を書き換えろ」と言えばわかるが、「今日は七掛けにするから値札を書き換えろ」と言うと、もうわからないという。

これらは作り話ではないのである。みんな本当の話なのである。

三浦半島ってどこですか?

先に紹介した調査（35頁）に「基本的な生活態度、言葉づかい、マナーに問題」、「一般常識、一般教養」がないという回答があったが、それはさほど難しいことができないというのではないのだ。「いらっしゃいませ」が言えないなんてのはかなり高度なほうで、客に「うん」と言ってしまうという程度なのだ。

一般教養と言っても、大化の改新が何年だか知らないということではない（そんなの私も忘れた）。日本の首都が東京で、東京には世田谷区という区があるという程度のことを知っているかどうかなのである。いくらフリーターに常識がなくても、世田谷区くらいは知っている、と思う。おそらく。そう願う。

しかし神奈川県になるとかなり怪しい。これはビジネスコンビニではなく、新宿にある某インテリアショールームでの展覧会の受付の話。受付でバイトをしている若い女性に入場料金の領収証をお願いした。

「お宛名は」というので、「三浦です」と私は答えた。すると「どんな字でしょうか」と言うので、「三浦半島の三浦です」と答えると、彼女は、どうしよう、わかんなーいという顔をしている。「三浦大根の三浦です」と言おうかと思ったがやめた。

こういう時の私はお笑い芸人のように高速で頭が回転する。三浦半島は知らなくても。ディズニーランドは知っているだろうと考え、「一二三の三に、浦安の浦です」と言うと、ようやく彼女は記入できた。若い女の子だから、三浦半島は知らなくても、浦安ならわかるだろって思いつくなんて、我ながら機転が利くなあ。

それにしても三浦半島を知らないか。ここは新宿。あなたはどこから来たの。昨日の晩、夜行列車で青森県から出てきたばかりなのだろうか。三浦按針って言ったら絶対わからないだろうなあ……などと想像して楽しむくらいの余裕がないと、いまどきの若者とは付き合えないのだ。

その展覧会の性格からして、おそらく彼女は美大でインテリアを勉強している大学生だと思う。美大生というのは大学生とは言っても読み書きそろばん能力は低い。常識も欠ける。でも、三浦半島くらい知らないものだろうか。

こんな調子だから、高卒者のレベルは推して知るべしだ。宅配便の運転手だって、三浦半島がどこにあるか知らないと務まらないはずだ。だから大卒しか採用しなくなるのである。

担任の教師の名前を知らない高校生が三割！

つまり、高校が教育機関として機能していないのだ。

お茶の水女子大学の耳塚寛明教授は現在日本経済新聞土曜日の教育欄にコラムを連載しておられる。教育社会学者として、一見教育とは関係のなさそうなどんな現象を見ても、すべてを教育の問題と結びつけて考える、その熱意と情熱にわたしはいつも敬服させられている。

このコラムで耳塚教授は、二〇〇三〜〇四年にかけて行った学力調査で、高校三年生と中学三年生に同じテストをしたところ、高三の平均点が国語でも数学でもわずかだが中三を下回ったと書いておられた（二〇〇四年十二月四日付）。漢字、語彙《ごい》、計算など各小問別に見てもそうだという。中三から高三にかけて学力は向上せず、やっと維持されるか、やや低下するのである。

また耳塚教授は、平均点の低下が生徒全員の学力の低下によるものではなく、学力の上位層と下位層への二極化によるものである可能性を懸念されている。下位層の生徒が学力を剥落《はくらく》させ、著しく点数を下げたために、平均点が下がったかもしれないからである。

しかし耳塚教授は、「重要なのは、剥落させた学力の代わりに、何を学び取るかだ」と述べている。まさにその通りで、実際に社会に出てよく使う知識が中三までに学べているのであれば、さらに高三までに知識量を増やすことにはさほど意味はない。むしろ中三までの知識を土台に、それを職業で生かすための応用的な知識や技能を身につけたほうがよいはずである。かつての工業高校、商業高校などにはそういう意味があった。ところが現在はそうなっていない。それどころか一部の高校はまったく形骸化している。そこが問題なのである。

ある機会に、耳塚教授から伺った話では、卒業後無業者が多く出る高校の生徒たちの学校への無関心さは驚くばかりである。なんと生徒の三割が担任の教師の氏名を知らないというのだ。

私が栃木県の十九歳の女性を取材して聞いた話も、似たようなものだった。彼女は料理が好きで、料理学科のある私立高校を受験したが失敗、しかたなく県立の農業高校に進学した。しかし、いやいや来た高校である。まったく勉強する気持ちは起こらない。彼女は教室の床に寝ころんで寝たこともあるという。しかしそれ以上に私が驚いたのは、「教師はそれを注意しなかった」と彼女が言ったからである。

これは生徒と教師がお互いにお互いの存在を完全に無視しあっているということだ。誰も聞いていない授業をする教師と、何も聞く気がないのに教室にいなければならない生徒。お互いが相手の存在をないものとして振る舞っている。お互いが透明な存在なのだ。

ナチスの兵隊は捕虜の前でセックスをしたという。ナチスに限らず一般的に戦争中にそういうことはあるらしい。捕虜を同じ人間と思わないからできるのである。しかし、授業中に床で寝る生徒と、それを注意しない教師の関係も、収容所のようである。

生徒がほしいのは卒業証書だけ。教師がほしいのは給料だけである。死んだ場所としか言いようがない。しかしおそらくこれは、現在の高校あるいは中学で一定の割合で起きている現象だろう。無気力製造工場である。大学も似たようなものかもしれない。

国を挙げて若者をスポイルしている

高校と大学は義務教育ではない。しかし事実上高校や大学の卒業証書がないと、まともな就職はできない。取れない資格も多い。だからみんなが高校に行き、大学を望む。

しかしそこに堕落の根源がある。何も学ばず、知識も教養も技能も身につけず、やりたいこともみつからず、みつけようともせず、働く意欲も能力も育たず、ただ無為に七年間を過ごす。そのために何百万円もかけている。そして使い物にならない人間をますます増やす。まったく金の無駄遣いだ。そんなことなら中卒で働くことが当然だった五十年前に戻ったほうが、まだまともな人間になるのではないかとさえ言いたくなる。

鉄は熱いうちに打て、である。熱いうちに打たないから、変な形のまま固まる。七年間も打たなければ、どうしようもない。鉄ならもう一度溶かせるが、人間はなかなかそういうわけにはいかない。

果たしてそんなにみんなが高校や大学に行く必要があるのだろうか。フリーター問題の背景には、教育制度の問題が大きく横たわっている。

多くの人は働くことを通じて大人になる。成長する。自分を発見する。自分の世界を広げる。だから、働かずに自分をみつけたいとか、自分をみつけてから働きたいとかいうのは間違いである。素振りをしないで自分のバッティングスタイルを見つけたという野球選手はいない。

それなのに高校、大学、大学院と、教育期間はむやみに伸びるばかりである。いまや大学院は自分探しをする人で溢れている。学者になろうなんて人は少ない。みんな自分探しである。社会をあげて若者をスポイルし、三〇歳でようやく大人になれるかどうかという社会の仕組みを作り上げている。

これはなんだか非常におかしい。こういう構造的な問題を解決しないと、フリーター問題は解決しないだろう。

2 自分を探すな、仕事を探せ。

大人にならないのに、大人顔負け

最近の若者は子どもっぽいとか、二十歳を過ぎても大人じゃないという声をよく聞く。あるいは、そもそも今の若者は大人になりたくないのだという意見もあるし、実際それを裏付けるような調査結果もある。

ではなぜ若者は大人になりたくないのか？　それは今の社会が大人になる必要がない社会だからだ。もう少し社会学的な言い方をすれば「子どもを社会化しない社会」だからである。必要のない能力は退化するのだ。

現代社会は「豊かな社会」であり「消費社会」である。「豊かな消費社会」の前には「貧しい生産社会」があった。「貧しい生産社会」では小さな子どもでも働くこと＝生産に従事することが当然だった。そして昔は大多数の人が子どもの頃から働いた。「おしん」の世界である。

対して現代では、二〇代になっても働かなくていい。働かないから大人になれない。遊んでいるうちに成長するということは幼児期にはあるが、十代をすぎればない。

生産社会では大人になる基準が明解だ。生産力（労働力）として一人分になることが文字通りの一人前だ。生産力として一人前にならないと、社会的に存在を認められず、社会的な地位も得られず、十分な収入も得られず、よって十分な消費もできなかった。だから、一人前になることに意味があった。ほぼ一九七〇年代初頭くらいまではそういう社会だった。

だが一九八〇年代以降発展してきた消費社会では、人は生産力としてよりも消費力として評価される。しかし、消費力の向上は生産力として一人前になること＝大人になることとを前提としない。それどころか子どもは、生産力として一人前になるより先に消費者として「大人顔負け」になるのだ。

テレビゲームもナイキやアディダスも子どものほうが詳しい。働かなくても生きていけるし、お年玉でかなりの物を買える。コンビニで一〇時間働けば電子レンジが買えるし、ＤＶＤプレーヤーが買えるのだ。なのにどうして働かなければならないか。正社員にならなくてはいけないか。納得させるのは難しい。

キリギリスのほうが自己評価が高い

第一章で見たように、現代の子どもたちは、物質的な豊かさだけでなく、情報面での豊かさも享受している。つまり、漫画、アニメ、音楽、アートなどさまざまな文化情報、あるいはサッカー、バスケットボールなどのスポーツ情報にも囲まれて生きているのだ。

だから、子どもたちにとっての生きる意味は、自分の身の回りにいる人々からは与えられず、メディアのなかのいろいろなサブカルチャー情報、スポーツ選手やミュージシャンやＤＪや美容師から与えられる。彼らが子どもたちの人生のモデル、かっこよさのモデルなのだ。

私が中学、高校生のころ、勉強ができる男子は女子にもてた。十分条件ではないが、ある程度必要条件だった。勉強ができて、スポーツが得意なら、もっとよかった。少なくとも男子では、勉強ができる子は、自己実現度も高く、自己評価も高かった。親も教師も女の子も、そういう男子を評価したからである。逆に言えば、勉強ができない男子は、よほど外見がかっこいいとか、スポーツがめちゃくちゃ得意だとか、そういう何か特別なものがなければ、自己評価を上げることは難しかった。だからみんな勉強をした、という面はあった。

しかし現在、勉強ができることは必ずしも自己評価につながらない。むしろ勉強以外に何か得意なものを持っていることが自己評価につながるのだという。

教育社会学者の苅谷剛彦教授（東京大学大学院）は、一九七九年と九七年の調査をもとに、社会階層の下位グループに属する高校生ほど学習時間が短くなっていることをつとに指摘しているが、さらに興味深いのは、下位グループでは、「将来のことを考えるより今の生活を楽しみたい」（現在志向）と思うほど、そして「あくせく勉強してよい学校やよい会社に入っても将来の生活に大した違いはない」（成功物語の否定意識）と思うほど、生徒が自信（有能感）を高める傾向があるという指摘である（苅谷剛彦『階層化日本と教育危機』有信堂）。

しかも、七九年の調査では、有能感が高いほど勉強時間が長かったのに、九七年は、下位グループの生徒では、有能感が高いほど（自分は人よりすぐれていると思えるほど）家での学習時間が短くなるという逆転した傾向が見られたというのである。つまり自分に自信のある生徒ほど、よい大学、よい会社という人生を否定し、今を楽しみ、勉強をしないのである。

私なりに具体化していえば、今は美容師やＤＪやダンサーになるなど、サブカルチャー的な仕事をするほうが、勉強ができたり、「いい会社」に入ったりすることよりもかっこいいのである。それは一元的価値観から多元的価値観への変化であり、若者が自分それぞれの幸せの形を見つけられる社会に近づいたということでもある。その意味で私は苅谷教授ほどには、この調査結果を憂えない。若者がサブカルチャーによって自己評価を高めることも否定しない。勉強でもスポーツでも音楽でも、それぞれが自己評価、自尊心を高めることのできるものを見つけることはいいことだ。

しかし問題なのは、そうした勉強以外への関心の強さと有能感が、最終的に職業生活に結びついていかないことが多いという点である。美容師はもちろん、ＤＪでもダンサーでも、それでフリーターとしてではなく、職業として食っていってくれるのであれば問題はない。しかし実際は、多くの若者は、それらをあくまで娯楽や趣味や単なる憧れの世界にとどめたまま終わる。そして趣味にかかる金を稼ぐために働くことすら拒み、消費だけをして暮らす者さえいるという状況になっている。さらにいえば、働かないことが個性の主張につながっている面もないとはいえない。

あるとき、私は最近の若者について講演をし、いつもどおり、若者がカフェや雑貨屋をやりたがっている話を、スライドを見せながら話した。それを聞いていた、ある大して有名でもなければ実績もない大学教授が、「雑貨屋ばかり増えても困るなあ」と言ったので、私は「あなたみたいな役に立たない大学教授が増えるよりましでしょう」と心の中で思った。大学教授ならよくて、カフェや雑貨屋が悪いということはない。その人が本当にそれを仕事にしているならまったく問題はない。

が、なかば自分探しのために大学院に進み、研究者として自立できず、どこにも就職しない人間も、専門学校の雑貨コースに進んでも本当に雑貨屋になる気のない人間も同じように問題である。

アリとキリギリスの例でいえば、キリギリスが最後にアリに頼るから問題なので、キリギリスとして自立してもらえば文句は言われないですむ。ところが、現代のキリギリスたちは一向に自立するつもりはないし、キリギリスにあこがれるアリたちも増えているように見える。

だからといって消費やサブカルチャーを禁止するわけにはいかない。とすれば、知識や教養や働くことの面白さを押しつけではなく伝えていく努力が今までよりもずっと必要になるということだ。

学び、働き、大人になる意味があるのか？

こうしたことは、次のような問題をわれわれに突きつける。

すなわち、貧しさから脱するため、お金のためといった目的以外に、われわれは、働くことの意味、学ぶことの意味、そして大人になることの意味を提示できるのか、という問題である。

かつて、「ジャパン・アズ・ナンバーワン」と言われた時代には、勤勉さは日本人の不変の国民性であるかのように言われた。「給料を増やすと日本人はますます一生懸命働くが、フィリピン人は次の日から来なくなる、同じ給料をもらうために労働時間を減らすからだ」と言われた。ところが現代の日本の若者はまさにそれである。一定の給料を手にすれば、それ以上働こうとしない。勤勉は日本人の国民性なんかじゃなかったのだ。

貧しい社会において、かつ、特に、物質的な豊かさが夢や希望として見えやすかった戦後の社会においては、子どもを勉学や勤労に駆りたてることは容易であった。しかし生まれながらに豊かな社会に生きている現代の子どもは、圧力をかけても抵抗するだけである。

ところが、過去二十年ほどの間、すでに豊かな社会でありながら圧力を受け続けた世代がある。今の二十代から三十代がそうだ。彼らは、何のために学ぶか、働くかがわからないまま、良い学校、良い会社へという価値観を押しつけられた世代だ。だからこそ、この世代は、家庭内暴力、校内暴力、不登校、いじめ、ひきこもりなどの現象を拡大させた。学ぶ意味、働く意味を見いだせぬまま、圧力をかけられたのだから、そこに反発が生じるのは当然だ。

消費だけでは大人になれない

不景気とはいえ、現在の日本人の生活水準は極めて高い。子どもたちの生活も、ますます物が溢れ「豊か」になっている。そうしたなかで子どもに圧力をかけても、彼らは学ぶことも働くことも好きにはならず、むしろさらに反発が強まるだけであろう。学ぶこと自体が面白くなければ学ばない子どもや、働くこと自体が面白くなければ働かない「大人」が増えているのだ。それは、貧しさから脱するため、金のためだけに働かざるを得ない社会よりは良い社会だ。だからといって、その豊かさのなかで子どもがただ消費だけをしていることが良いとは到底思えない。豊かな社会では、より高い自己の実現のために、自分が本当にやりたいことを見つける可能性が拡大する。さらに自分のやりたいことが同時に他者の幸福のためにもなる可能性が拡大する。その可能性をより現実のものにしていくことが重要だ。それは若者のエネルギーを消費にだけ振り向けるよりも意味のあることだ。

人は消費だけでは大人になれない。言い換えれば、人は消費によっては十分に社会的な存在となり得ない。社会的な存在となる手っ取り早い方法は働くことである。もちろんここで「働く」というのは、賃労働だけを意味しない。家事労働も、ボランティアも、NPOも含まれる。要するに社会のなかに、人と人の関係のなかに自分を位置づけることである。

大学はフリーターの温床

私の知る限り、小学校一年生の時から勉強嫌いの子はいる。高校生ともなれば大多数が嫌いだ。しかし、働くことが嫌いな子は勉強嫌いな子より多くない。働くことには目標があり、達成感もあり、人から感謝される喜び、社会に役立っているという充実感もある。勉強よりも面白いのは当然だ。だから高校生が、何のためになるかわからない知識を詰め込まれるより、早く働きたいと思ったとしたら、それはきわめて健全だ。

ところが現実には偏差値による振り分けによって高校に進学するので、高校ではやりたいことができないという子どもが多い。そしてそのうち、やりたいことがあってもやれないものだと人生自体をあきらめる。多くの子どもたちが高校三年間を無為に過ごす。学ぶ意欲がないばかりか、働く意欲もない人間にされてしまうのだ。

そのうえ大学で四年間をうだうだと過ごせば完全な無気力人間の一丁あがりである。大学なんてのは、よほど主体性と克己心のある人間でないと、ただただ馬鹿になる場所である。しかも大学の先生は、多くは実社会では役に立たない、理屈だけ言っている人間である。こういう環境でスポイルされれば社会に出たくない人間が増えるのは当然だ。大学進学率はせいぜい15％くらいでいいのである。

昔、大学生というのは、同じ年齢で働いている青年から非常にやっかみをもって見られたものである。五木寛之の『青春の門』を見ればそういう時代の雰囲気がわかる。本ばかり読んで、理屈ばっかり言っているが、所詮は遊民だからだ。

しかし、だからこそ大学生は本を読まねばならなかった。本来、大学に行くべき人間とは、自分で実体験をしなくても、読書と思索を通じてさまざまな人生を想像できる人間でなければならないからである。自分以外のさまざまな年齢、性別、階層、国、民族、文化の人々の心を慮《おもんぱか》ることができるようになるために学問をするのである。

だが、多くの人間は実体験をしないと、そういうことがわからない。そういう人は、実体験の世界に生きるほうがいいのである。そのほうがよほど深い人生観を形成できるのである。そしてたくさんの実体験を積んでから学問の世界を訪れればいいのである。それでも決して遅くない。そういう教育制度に改革したほうがよい。

なのになぜ全員が高校に行き、半数が大学に行くのか。それは高校も大学も、通常は若いときに一度しか入れないからである。そしてその学歴が将来の生活を大きく規定すると信じられているし、事実ある程度そうだからである。

しかしこの形骸化した制度を撤廃しない限り、問題は解決しない。

「自己最適化」と「自己関与性」を根本原理にした中学六年制度

こうした矛盾を解決するために、これからの教育制度は、これまでのような単線的、トコロテン式制度を完全撤廃し、「自己最適化」と「自己関与性」を根本原理とした柔軟な制度にするべきである。

たとえば私が考える学校制度は、高校を全廃し、生徒の意欲と能力と関心に応じて中学を三年から六年かけて卒業するという制度だ。将来の職業を考えるために、中学一年から週に一度は職業教育の授業をする。そして中学三年の一〇月頃に学業達成度試験を受ける。この試験はその後毎年三回実施し、生徒は何度でも受験して点数を高めることができるようにする。

ここで一定以上の成績を収めて、かつやりたいことが見つかっている者は卒業して進学、就職してよい。もちろん大学の種類、職業の種類によって最低基準点数がある。医学部に進みたいという者は八五〇点以上とか、美容師なら四〇〇点とか、一定の目安がある。そして、これを現在の資格取得条件として存在する学歴に代える。

勉強ができる子は現在の高校三年までの内容を中学三年間で学んで、すぐに大学進学すればよい。たとえば一〇〇〇点満点の達成度試験で七〇〇点なら大学受験資格が与えられるとか、九〇〇点ならどの大学のどの学部でも入学できるといった仕組みにすればよい。

しかし勉強のできる子どもでも、やりたいことがみつからない場合は、卒業しなくてよいし進学もしなくてよい。だからこれは飛び級制度とは異なる。その子どももその後三年かけて職業経験、インターンなどをしながらやりたい仕事を探せばよいのである。そしてそれがみつかったら随時卒業する。

今で言う高校一年生の四月からは、就職しなかった者は午前は勉強し、午後は企業でインターンをしたり、ＮＰＯ、地域活動を手伝ったりするほか、スポーツ、文化活動などをする。専門学校で料理や雑貨の勉強をしてもよい。それも単位として認める。

もちろん劇団に入るなど、いまはフリーターをしながらでないとやりにくいことを思い切りやってみてもよい。そうすれば多くの生徒は自分に才能がないことに気づき、最終的には普通の職業に就こうとするだろう。

高卒者にもリカレント教育の機会を与えよ

また、いったん働いたあとで、その職業を極めるためにもっと基礎的な勉強の必要を感じたとか、法学部に進んだが適性がなかったり関心が変わったりして進路変更をしたいと思った場合などは、中学に復学ができるようにする。復学は当初中学を六年間かけて卒業した人でも新たに二年間復学できるようにする。進路変更時に在宅浪人状態になるのはストレスが多い。中学に復学できれば居場所ができて、精神的に安定するし、友人との情報交換もできる。進路についての助言も受けやすい。

このように学校制度を、一人ひとりが、自分の関心と適性と人生や職業への考え方に即して、学ぶ内容と学ぶ時間を、自分で関与しつつ、自分にとって最適な形のプログラムに編集できるようにすることが重要だ。もちろん当事者の能力には限界があるので、それを支援するのが学校の役割である。

またこの制度だと、中学校のなかに多様な人々が集まるというメリットがある。就職して一〇年間働いたあとに復学して大学を目指す者や、大学に進学したが専門を変更するため復学した者など、多様な人生経験を積んだ者が集まるので、現役の生徒にも進路選択の参考になる。中学自体がある程度「小さな社会」としても機能するようになるのである。その意味でこの制度は、これまでの硬直化した学校教育を、生涯教育的な柔軟性と多様性と社会性を取り入れたものに改編したとも言えるだろう。

現在、高卒者は大卒者と比べて就職上の不利があるが、それ以外に、生涯教育、リカレント（還流型）教育を受けにくいという不利もある。大卒者は大学院に進むだけでなく、別の学部に学士入学するといった複線的な教育が受けやすいが、高卒者は高校に戻ることはできないからである。これは差別であろう。大学や大学院に進むほどではないが、中学高校の勉強をやり直しながら人生を考えたいと思う者はいるはずである。そういう者の受け皿としてもこの中学六年制度は意味があるはずだ。そしてこれによってフリーターはかなり減るはずである。

こうした根本的な制度改革をしていかなければ、高校や大学を卒業した時点では現実の職業や社会について何も知らない、つまり大人になるためのきっかけすら与えられず、やりたいこともわからぬまま育った若者を、相も変わらずトコロテン式に押し出し続けるだけであろう。

私はさまようことが悪いと言っているのではない。しかし二十歳前後で社会に出た時点で、自分のやりたいことが皆目わからず、三十歳を過ぎたくらいでようやくそれが見つかるかどうかというのでは、時間があまりにもったいないと思う。やはりどうしても若いときでないと吸収できないことがあるからだ。

どうせさまようなら、もっと早い時期にさまよってもらい、二十歳のときにはもう自分のやりたいことが見つかっているというほうが良いと思うのである。

職業の数は三万もある

また、好きなことを仕事にしろという価値観があまりに蔓延《まんえん》してしまうのはよい傾向ではない。好きなことを仕事にしろ、やりたいことをやれという言い方は、一見、子どもの主体性を認めているようでありながら、その実、子どもを追い込んでいる危険性もあるからだ。社会経験のない子どもにそんなことを言うと、好きなことをすごく狭く考えてしまって、悩み続けることになる。子どもが見ている世界は狭い。そんな狭い、小さな自分の世界を土台にして好きな仕事をみつけることは不可能だし、意味がない。一体世の中にどれくらい多くの職業があるか、そのうち子どもが知っている職業はいくつあるか。

世の中にある職業の数は約三万である。私は三菱総研時代に「私のしごと館」という職業情報・体験施設の基本構想、基本計画の立案などを五年間していたので、職業にはちょいとばかし詳しいのである（「私のしごと館」のホームページは http://www.shigotokan.ehdo.go.jp/）。

職業の数といっても数えるのは大変だ。職業の定義も大変である。タクシーの運転手と大学教授は違う職業だとおそらく誰でも思うだろう。ではタクシーの運転手とバスの運転手は違う職業なのか。新幹線の運転士と路面電車の運転士は同じ職業なのか。これは定義の仕方次第で同じとも違うとも言える。で、そういう無数の職業を整理したものが旧労働省の「職業分類」である。これに約三万の職業名が載っている。職業がいくつあるかはわからないが、職業の「名前」はとりあえず三万あるのである。

そしてそれが大分類、中分類、小分類などに分類されている。たとえば屋台の焼き芋屋とおでん屋は最終的には違う職業に分類される。芋とおでんが違うからではない。焼き芋屋は移動しながら売り、おでん屋は一定の場所に止まって売るという理由で違う分類なのである。だから屋台のラーメン屋はおでん屋と同じ職業に分類される。ファッションモデルもチンドン屋やサンドイッチマンと同じ広告宣伝員に分類されるのである。そんな分類に意味があるのかと思う人もいるだろうが、とにかくそうなっている。

で、こういうふうに分類された三万の職業名から、「私のしごと館」で情報提供すべき最低限の職業を約一千職種選出するのが私の仕事のひとつだった。いやあ、大変だった。しかし本当に大変なのは、もちろん三万の職業を分類した人だ。

　そもそも三万の職業名をどうやって集めたかというと、元は「国勢調査」である。「国勢調査」にわれわれは職業名を自由記入する。それを、この職業はきっとこの職業と同じだろうと分類するマニュアルがある。市場調査員もマーケットリサーチャーも、名前が違うだけで中身は同じだと判断する。そして約三〇〇の職業小分類に分類するのである。

　しかし近年、一体どんな仕事かわからないために分類ができない職業名が増えている。コンピュータや福祉関連の新しい職業が増えているからである。私が当時聞いた記憶では、たしか二〇〇〇個の職業名が分類できないまま残っているという。だから、「国勢調査」を見ると「その他の～」「分類不能の職業」という項目があるが、これが近年どんどん増えているのである。もちろん産業構造の変化などによって減っている職業もある。

　このように無数にあって、かつ増減の激しい職業のうち、小学生は二〇くらいしか知らないし、高校生でも五〇も知らないのが実情である。もちろん、名前は知っていても、中身は知らない。そういう子どもや若者に、自分の好きな職業を選びなさいと言うこと自体が、土台無理な話である。好きな仕事なんて選べるわけがない。

働かないと自分に合う仕事はみつからない

事実、最近は、自分の好きなことがわからなくて仕事がみつけられないという若者が増えているらしい。東大生でもそうらしい。というか、東大生だからそうなのか、よくわからないが、とにかく学歴の高低にかかわらず、好きなことがわからない、何を仕事にすればいいかわからないという若者が増えているという。

では、そういう若者に好きなことをみつけるまでふらふらしてもらうのだろうか。それよりも、とりあえず、好きでも嫌いでもいいから働いてもらったほうがいいのではないだろうか。そもそも働いてみないと好きなことはみつからないのではないだろうか。働いてみると、嫌いだと思っていた仕事が好きになったり、好きだと思っていた仕事がそうでもなくなったりするのではないだろうか。働かずに好きな仕事をみつけようというのは、まさに畳の上の水練である。まずは水の中に飛び込まないと何も始まらないのである。

仕事は社会との接点だ。社会と接点のない仕事は仕事とは言わない。少なくとも職業とは言わない。社会が必要としない仕事をしてもお金は得られない。若者や子どもたちには、まずこの点を知ってもらわないと困る。

また、働くには能力がいる。寿司屋になりたいと言っても、明日から早速なれるわけではない。雑誌を読むのが好きでも、雑誌を作る能力があるとは限らない。好きと適性は異なる。好きな仕事をするより適性のある仕事をしたほうがお金も得やすく、人からもよろこばれやすい。好きなことをやって馬鹿にされるより、人が必要とする仕事をして感謝されるほうが幸せだということはある。自分がやりたいことより、人がやってほしいことをまずしてみても損はない。

好きな仕事をみつけることは実は難しい。しかし適性のある仕事をみつけることは、それほど難しくない。職業適性検査は学問的にかなり確立しているからだ。私も簡単な適性検査を受けたことがあるが、建築家、コピーライター、保育士といった結果が出た。自分でもそういう仕事は向いているし、そういう仕事に就いた可能性もあると思ったので（私の両親は小学校教員だし、親戚には建築家や大工もいる）、よくできた検査だと思った。一度くらいそういう検査を受けてみても損はない。検査結果の職業に就く必要はもちろんないが、とりあえず適性があると言われた仕事をしてみながら、将来のことを考えたって遅くはない。

何度も言うが、仕事をしてみないと好きなことはみつからない。好きなことを仕事にする方法もわからない。何がしたいかわからない、どんな仕事が向いているのかわからないから就職しないのではなく、だからこそ就職してみるべきなのである。あえて逆説的にいえば、自分を探すためには、一旦自分探しをやめて、仕事をすべきなのだ。そして仕事を続けることで、最後に自分をみつければよい。

就職したいなら「何でもやります」と言え

私もたまに学生から就職相談を受ける。ある学生が「ファッション関係の企業の面接を受けたいんですけど、どういうふうに言えばいいですか」と聞いてきた。私は迷わず「何でもやりますと言え」と答えた。ファッション関係もへったくれもない。就職したければ、何でもやりますと言うしかない。彼は、私のように就職貴族の一橋大学の出身じゃないのだ。

今は知らないが、私のころの一橋は、三井信託銀行なら十月六日にふらっと行けばその場で内定が出た。学部、ゼミ、成績など一切不問である。しかし私にたずねてきた学生は社会人から大学院に入り、もう三十歳だったのだ。何でもやりますとしか言いようがないではないか。まずは就職することが重要なのだ。

私自身、もし新入社員を採用するとすればどういう人間をとるか。この数年個人で会社をやってみた経験からすると、明るい、元気がいい、根性がある、体力がある、気が利く、時間を守る、女子なら愛嬌がある。まあ、こんなところである。完全に中小企業のおじさんの発想だ。が、しかし、やはりそれは必要であり、とりあえず若いときはそれで十分すぎるほど十分なのだ。私は二十数年知識産業で生きているのだ。私の脳味噌の手助けなんて、新入社員にできるわけがない。だから、明るく、元気で、「何でもやります」ならば、百パーセントOKなのである。

しかし現代の若者は、その「何でもやります」が言えないのだ。いや、私も言いたくなかった。そして言わなかった。誰だって自分の好きな仕事をしたいと言いたい。当たり前だ。が、そのためには、「じゃあ、おまえ、何ができるんだ」と問われたとき、何かを証明できないといけない。私自身、学生時代は、明るくなく、元気がなく、体力にも自信がなく、気も利かなかったと思うが、一橋大学卒業ということは、企業から見れば、こいつは馬鹿じゃない、常識がある、鍛えれば必ず何かできるはずだという品質保証書である。だから、私はこれがしたいと言っても、ある程度許される。

親が大企業だというのも一定の品質保証書だ。だから最近はコネ採用が増えているように思う。コネというと悪いイメージがあるが、私が人を雇ってきた経験からいっても、安心して仕事を頼めるのは、親が東大教授や三井なにがしに勤めている人だ。そういう人を選んでいるわけではないのに、結果としてそういう人に絞られていく。

私のクライアントは大企業ばかりだ。だから、仕事の質、納期だけでなく、人前での礼儀作法、立ち居振る舞いもしっかりした人が望ましい。すると自然に、親が大企業で、自分自身も会社勤めの経験のある三十代くらいの女性に絞られてしまうのである。もちろん学生バイトでも、印象のよい人はそういう家庭の人だ。

しかし、学歴もない、実績もない、コネもない、いまはフリーターです、なんていう無精ひげはやした若者が、あれがしたい、これがしたい、それはしたくないと言っても、誰も聞いてくれるわけがない。聞く理由もない。企業が、個人個人の専門性を無視して、何でもやりますという人間しか採用しないこと自体は問題かもしれない。だが、昨日まで学生だった、高校生だった、いまはフリーターだという人間に専門性なんてあるわけないということもまた厳然とした事実だ。だからこそ、不本意かもしれないが、とにかくどこかに就職して、実績を積まなければ、就職した人間との差は開くばかりなのである。

まずは就職するしかないのだ

以前、わたしの会社には、バイトをしているフリーターが何人かいた。美大卒で映像や音楽系の会社志望の三人組の男子は「就職活動して、面接受けていると、もう、いやになっちゃうんですよね」と言う。その気持ちは私もよくわかる。就職の面接なんてろくなもんじゃない。自己アピールをして下さいなんて、そんなもんないよ。どうして我が社を志望されるのですかって、それは大企業だからですって言えってのか。ほんとにいやだ。

それで、「きみら、何社面接受けたんだ」と聞くと、一人が言った。

「二社です」

「二社？　バブル時代の一橋の経済学部の学生でも五社くらい回るんじゃないか」とわたしはあきれた。これでは就職が決まるわけがない。

五十社以上会社を回らないと就職が決まらないという今の雇用情勢はたしかに若者にとってかわいそうだ。私がいま学生だったとしても、たしかに会社が決まる前に疲れ果てて、就職をあきらめるだろう。

そういえば、私の学生時代、この本を出してくれる晶文社に『就職しないで生きるには』というシリーズがあって、私も一冊か二冊本を買ったことがある。古本屋とか雑貨屋とかになった人の体験談だった。彼らの人生は気楽そうで、楽しそうで、そういう人生に私も憧れた。そして実際、就職がしたくなくて一年留年した。

でも、まず会社に入って、それから会社を辞めて好きなことをすることはできる。しかしフリーターを何年も続けてからまともな会社員になることはまず不可能だ。だったらまずは就職したほうがベターだ。

そこで私は彼らのひとりに言った。「おまえは犯罪者予備軍だ。アニメが好きでゲームが好きで、パラサイトシングルで、フリーターで、苗字が宮崎で、しかも家が奥多摩にある。これでは幼女連続殺人の宮崎勤の親戚と思われるだけだ」。もちろん悪い冗談だ。

もうひとりのバイトは女子で、有名大学の商学部卒だった。その気になればいくらでも就職はできたのに、一社も就職活動をしなかった。彼女は今どうしてるんですかと宮崎が聞いた。わたしは「もうすぐ自殺でもするんじゃないかぁ」と答えた。もちろんこれもかなり悪い冗談だ。しかし、最近の犯罪情勢やネット心中自殺を見ていると、あながち冗談とも言い切れない。夢も希望も仕事もない若者が、犯罪や自殺に走っている。

だからこそ、私は彼らに「就職しないと世の中のことは何もわからないから就職しろ」と言い続けた。正社員で就職しないという状態がいかに悪い状態か。挨拶の仕方も電話の受け答えも名刺の出し方も覚えられない。バイトでは部分的な仕事だけで全体像が見えないから、仕事の流れも世の中の仕組みもわからない。技能も身に付かない。それで三十歳になったときにどれだけ差がつくか。大学の映像学科で習うことなんて役に立たない理屈ばかりで、技術は専門学校卒のほうがある。そういう技術を身につけるには就職するしかない。就職すれば今頃は毎月撮影で海外出張しているかもしれないのに、フリーターじゃなんにもできない。いつか独立するにしても、どうやって会社を作るのか、経営するのかは、就職してみないとわからない。そんなことでいいのかと言い続けた。

これは大企業に就職しなかった私の経験から言っていることだ。一橋を出ても大企業に進まず、四十歳で独立なんていうと、もしかして若者にはかっこよく見えるかもしれないが、そういうふうに人と違う人生を歩むのは孤独なことだ。特に日本のように同調圧力の強い国では大変だ。その孤独に耐える覚悟と能力がないなら、とりあえずその他大勢のなかに入るしかない。孤独に耐えることも、大勢のなかに入ることも両方避けるわけにはいかないのである。

結局美大三人組のうち、二人はそれから数ヶ月後に就職した。就職して一ヶ月後、「まだ見習いなんで、名刺ないっす」という彼らは、もうそれまでとは打って変わって、男らしい、厳しい顔つきに変わっていた。

もう一人の彼女もいまは就職したようだ。朝の八時に吉祥寺の大通りを歩いているのを最近見かけた。いつもおしゃれだった彼女の姿は、一段ときれいで、颯爽としていた。

インタビュー
フリーター
25歳・男性

生き生きと仕事をしていない親父を見てたら、働く気は起きませんよ。

僕は武蔵野美術大学出身です。二〇〇三年に卒業しました。単位を一つ落として、半年卒業が遅れたので、九月卒業です。実家にいるのが気まずくなったので、ビジネスコンビニでバイトを始めてお金を貯めて、二〇〇四年の四月から一人暮らしを始めました。

親父は電機メーカーの技術者です。お母さんはずっと専業主婦でした。二人とも一九四九年生まれです。

親父は山口県の出身で、京都大学工学部を出て今の会社に入りました。お母さんは東京の目黒の出身で共立女子短大卒です。お母さんは若いときアナウンサーになりたかったらしくて、フリーのナレーターとか司会者をしていたらしいです。親父とは、親父の会社の製品の展示会でお母さんが司会をしていて知り合ったらしい。

僕が生まれたのは一九七九年です。福島県で生まれました。六歳の時に藤沢に引っ越してきました。そこで社宅に住んで、十年くらい前にその近くにマンションを買いました。

小学校から高校までずっと公立です。小学校のときは小一からピアノ教室にも行かされました。水泳も行きました。水泳はあまり好きじゃなかった。みんなが行ってるから行ってただけで。マクドナルドのハンバーガー買ってあげるからって親に言われて行ってました。

運動神経はよかったですよ。小学校の時は、野球とかドッジボールをすると、大体一番強いチームでキャプテンだったし。

中学時代は地域の野球クラブに入っていました。野球を練習した後に勉強も教えるというクラブで、東大出身の人が経営していた。「文武両道」を目標にしたところでした。でも坊主頭禁止で、ランニングもあまりしないという主義だった。

それで、高校でも野球部に入ったんですが、そこは普通の体育会系のところだったんで、声を出さないとノックが受けられないとかいう感じで、二週間で嫌になってやめました。それで毎日ぶらぶらしてた。

それを見てお母さんが、これじゃあ不良になるんじゃないかって心配して、なんかやらせようと思ったらしくて、高校一年の夏休みに美大の予備校の夏期講習に通わせたんです。お母さんは、司会の仕事をしていたんで、テレビや展示会で美大の人が大道具とかの仕事で働いているのをよく見ていたんで、僕にはこういう仕事もありかなって思ったらしい。

僕はそのころ美大というものが世の中にあることすら知らなかったんです。でも、行ってみたら、結構面白かった。予備校にいる人のほうが高校の同級生よりもファッションもかっこよかったし、聴いてる音楽も趣味がよかった。

高校の同級生は、エアロスミスとかニルヴァーナとか、それからヤンキーなやつはXジャパンとか。だから、肌が合わなくて、予備校の人たちのほうがかっこいいなって思った。金髪の人もいたし、パンクファッションもいたし、有名なデザイナーの娘もいたんですよ。みんな、おしゃれでかっこいいし、クリエイティブだし。

それで自分もそういう人のファッションをまねして、ああいう服を買おうって。いわゆる裏原宿系のはしりみたいなかっこですね。ベイジングエイプとか。で、そういうかっこで同級生に会うと、「えっ！　おまえ、おしゃれ」なんて言われて。

それで、夏期講習が終わると、予備校の人に面接されたんです。その人、ドレッドヘアで、そんなの藤沢じゃ当時見たことないんで、びっくりしちゃって、で、彼が「夏期講習、どうだった？」って聞くわけです。「はあ、楽しかったです」って言うと、「楽しいのが一番いいことだ」って。それで結局その予備校に、夏休みの後も週に一、二回通うようになって、高三になると受験科というコースに入ったわけです。

高校時代にほかに何してたかというと、毎日友達と三人でバイトを探してましたね。スパゲティ屋に三人一緒にバイトできませんかって電話したり。当然、だめですよね、三人一緒なんて。だから結局一度もバイトはしてないです。でもいつもそんなふうにバイトを探してた。

高校は、その地域では三番手で、一応全員大学進学しますが、放任主義で、まったく受験向けの教え方じゃないんで、だいたいみんな現役では受からなくて、浪人して、そこそこの大学に進むってかんじでした。

僕は授業中、いつもCD聴いてました。教室の一番前でも、一番後ろまで聞こえるような音で。そうすると突然教師がキレて、おまえ、何やってんだ!!って怒り出すんです。でも、僕、そのころは何が悪いのか全然意味わかんなくて、はあ？って感じで。

いわゆる不良って、なんだかんだ言っても最後には先生と仲良くなるじゃないですか。それと比べると、僕は何にも言わずにしょっちゅう遅刻して、それで先生に、おまえ、ふざけんなって怒鳴られて、そのときは、ほんとにすみませんってあやまるんだけど、でもその日早退したりしてましたから。ひどい子どもだった。

大学は一応美大を全部受けました。武蔵美、多摩美、造形大。芸大も受けるはずだったんですが、センター試験の書類をとっておくのを知らなくて、それで結局芸大の試験を受けられなかった。ヤバイ！　とかって思って、親に言うと大変なので、受けるふりをして家を出たのかな。詳しいことは忘れましたけど。で、現役の時は全部落ちて、例の予備校にまた一年通い、二年目は武蔵美だけ合格しました。

僕、中学まではそこそこ勉強できたんですけどね。高校に入ったときは三〇〇人中二〇番くらいだったし。でも卒業するときは下から二〇番くらいだった。

それまでに親が何も言わなかったか、ですか？　テストの結果は見せなかったし、通知表も見せなかったんで。それで親も何も言わなかったですね、なぜか。テストどうだったの？って聞かれても、まあまあだったよって答えてた。

子どもの時になりたかった職業ですか？　うーん、ないですねえ。そりゃ小さいときならありますよ。漫画家とか恐竜博士とか野球選手とか。親も僕に何になれとか、何になったらとか言ったことはないですねえ。

僕は小さいときから恐竜とか化石とか昔の生き物とかが大好きで、だからお母さんは、ちゃんと勉強させて地味な地方の国立大学とかを出て、古生物か技術系かどっちかに進めばって、中学高校時代は思ってたらしいですが。親父は何も言わなかったですね。お母さんだけです。

なんとなく、地味っぽい国立大学に進むのがいいと思っていたらしい。東大、京大じゃなくて東北大とか。姉も東京農工大学で公園緑地の勉強して、今は地方公務員になって農地整備の仕事してますし。

で、理科系に進むには数学ができないといけないので、美大予備校の他に塾も行かされたんですよ。実際は全然行かなかったんだけど。行きたくないとか、さぼりたいとか思ってるわけじゃないんですけど、絶対行かなきゃって認識はなかった。塾に行く途中で友達にあったりすると、あ、こっちのほうが面白そうだなあって思って、今日はやめとくかって感じで。あとから塾の先生が「今日はどうしたの」って電話くれるんだけど、また次も行かなかったり。

小学校の時のピアノ教室もそうだった。そこは友達のお母さんがやってたんだけど、練習しないで、その家の子と遊んでた。

血液型？　ＡＢ型です。うちは家族四人全員ＡＢなんです。なんか関係ありますか？　ああ、最近、テレビでよく血液型の番組やってますね。Ａ型は誘惑があっても目的地に向かっていくのに、Ｂ型は誘惑に負けちゃう。ＡＢ型はどうでしたっけ？

大学出たら何になろうとか、うーん、考えたことないですねえ。就職のことも考えたことがないです。

大学三年の終わりくらいに、大学で就職ガイダンスがあって、それで、ああ、そうなんだ、大学出たら就職するんだって思って、インターネットの就職サイトに登録したりはしたけど、どうも就職するってことが自分のこととしては実感がなくて。会社に入れてくれるんなら働いてやるよって感じ。

就職活動は三社だけ面接まで行ったかなあ。書類を送ったのは五、六社。四年生の秋頃になると、どういうつもりだったのかなあ、自分でも忘れたけど、自然に就職活動しなくなった。卒業制作も忙しいから、いいやとか思ったりして。

で、単位を落として卒業が半年遅れたでしょ。その通知が大学から来たとき、たまたま親父がその通知を見ちゃって、それで「一体どういうことだ」って怒りまくって。あのとき見られてなければ、卒業したことにしておけたかなあ。

僕は学生時代に大学の近くに一人暮らししてたんで、親は僕が何してるか知らなかった。それで二〇〇三年九月に卒業すると、親父は、何で受かるまで会社を回らないんだっ！　就職活動ってのはそういうもんじゃないだろって怒るし、とても家にいる雰囲気じゃなくなって、どうしようって感じで。

お母さんは、四年の時から、就職活動、もっと一生懸命やってもいいんじゃないってくらいの言い方でしたね。たまに、どうするのって聞かれると、まだわかんねえって答えてた。そんなに聞かれなかったし。

百パーセント自分の好きな仕事じゃなくてもいいんだけど、でも、こういう仕事がしたいってのがないですねえ。やりたいことはあるけど、やれって言われてやるのは好きじゃない。

自分からやろうと思うのは音楽ですね。バンドじゃなくて「宅録」です。宅録っていうのは、コンピュータで作った音とか、楽器の音とか、人のCDの曲の一部とかを録音して、それでひとつの曲みたいにするんです。それをしているときが一番楽しい。

だったらミュージシャンになるかっていうと、それは無理。だから仕事だとすると音響効果の会社に入るのがいいんだけど、そういう会社の面接に行くと、あんまり音楽が好きだとかえって仕事のじゃまになるんだよねえって言われるんですよ。

高校を出て、大学を出て、就職するという世の中のリズムに自分が合わなかったということだと思いますね。大学四年じゃまだ大人じゃなかったっていうか。学生としてやりたいことがまだあったし。ずっと卒業しないで学生でいさせてくれるなら、それが一番いいですねえ。時間もあるし。

中学生のころ「渋谷系」の音楽が流行ってたでしょ。それで自分で絵を描いて、音楽してっていう人が流行ってませんでした？ 僕はフリッパーズギターが好きだったんで、小山田圭吾は今でもアイドルですね。それから『ドラゴンボール』の鳥山明。この二人みたいになれたらいいなと思う。


うちの親父は子育てがだめ。下手っぴです。ちゃんとした教育ができない。僕が言うのもおかしいけど。

親父は滅多に怒らないんです。我慢できなくなったときだけ、突然怒鳴る。でも怒鳴って、「もういい！」とか言って、部屋に引っ込んじゃう。

お母さんは就職したことがないじゃないですか。親父も京大出て、その研究室ならこの会社っていう感じで就職したから、就職するのに自分の意志を持ったことがないんです。ほんとは音楽が好きで、たまたま会社でも一時期スピーカーの仕事をしていたんで、そのときはよかったんじゃないですか。

でもそのスピーカーが生産中止になったので、そのあとは軍需関係の仕事をしていた。それが嫌だったらしいです。お母さんは、だったら給料が下がってもいいから別の音響機器メーカーに転職して、好きな音楽の仕事をしたらって言ったらしいですが、そういうところは親父も常識的で、大手の会社に残るほうを選んだんです。

でも親父は全然出世してない。仕事が嫌いらしい。本棚に『仕事に行きたくないサラリーマンの心理』なんて本がある。会社にウクレレを持っていくこともあります。会社のことを「お上《かみ》」とか言う。大学時代は少しは学生運動もしたらしい。新聞は朝日、選挙は昔は社会党、最近は共産党に投票してるから、少し左翼っぽいんだと思います。それで軍需の仕事だから、そりゃ嫌だったでしょう。でも会社をさぼったことはない。責任感は強いみたい。

たしかに親父は、学歴社会での成功パターンを生きてきた。でも京大出て、一流企業に入っても、生き生きと仕事をしているという感じじゃ全然ない。親父が立派な、意義のあることをしているとはちっとも思えない。だから僕も、親父みたいになるにはどうしても勉強が必要だとか、就職しようとか思えませんよね。

それにそもそも僕が宅録をするようになったのも、そのための専門的な録音機材を親父が持っていたからなんです。きっと親父も若いころはそういうことをしていたんだと思います。フリージャズとかスティービー・ワンダーとかのレコードも持ってますから。だから僕のことがちゃんと叱れないんじゃないかな。

ビジネスコンビニのバイトを始めたのは、三浦さんに頼まれた仕事でよく利用してたんで、楽そうだなあって思って、その割に時給いいし、それでインターネットで探したらちょうどバイトを募集してた。

僕の仕事は、お客さんが持ってきたデータをコンピュータで出力して名刺やポスターを印刷する仕事なんで、ただコピーだけする仕事より時給が良くて一二〇〇円。毎日午後一時から一〇時まで働いて、土日は休んで、月に手取りが二〇万くらいです。保険も年金も天引きされてますよ。だからバイトって言ったって、ちゃんとしてるんだから、どうして悪いんですか?

それにこんなにコピー機の性能とかが良くなったんだから、その分人間が週に三日働くだけでよくすればいいのに、どうしてそうならないんですか？

この仕事は面白くないけど、嫌ではないです。それに、僕、接客っていやじゃないかもって思いますね。それに、このバイトをするようになって、デザインの制作なんて仕事はむしろ下っ端っぽいなって気がしてきた。言われたとおりにデザインするだけですから。

それと、この店にはいろんな人がいろんな名刺を作りに来るでしょ。同じ接客でも子どもや主婦が相手じゃなくて、いろんな仕事をしている人が来るじゃないですか。それを見てると、こんな人がこんな仕事してるのかとか、その仕事も楽しそうだなとか思いますね。

でも今のバイトもずっと続ける仕事じゃないんで、そろそろ辞めようと思ってるんです。だいたいみんな一年くらいで辞めるみたいです。この前、ねえちゃんの結婚式があったんだけど、そのとき、弟さんは今フリーターですって紹介されたときは、ちょっとなあって思ったんで。

で、次は就職かなって思ったんです。でも、この前、学生時代の音楽仲間が

ＣＤでデビューして、渋谷のタワーレコードの視聴コーナーに置かれてたんですよ。それを見たら、また、気が変わってきて。

あと、今、街で友達とファッションの写真も撮ってて、それをまとめて冊子に印刷したんです。渋谷あたりの店で売ってもらおうかって思ってるんです。

（年齢はインタビュー当時）

3 真性団塊ジュニアは団塊世代の傑作か、失敗作か。

〈聞き手〉リクルート・ワークス研究所

新しい価値観の担い手＝真性団塊ジュニア

Q（リクルート・ワークス研究所）　三浦さんは著書『マイホームレス・チャイルド』の中で「真性団塊ジュニア世代」という定義をされています。これまでいわれている「団塊ジュニア世代」と、どう違うのでしょうか。

三浦　「団塊ジュニア世代」というと一般的には第二次ベビーブーム世代と同じ意味で、一九七一〜七四年に生まれた世代を指していました。ですが、言葉の意味通り「団塊世代の子ども」と定義して、それを「人口動態統計」で分析すると、七一〜七四年に生まれた子どもは必ずしも団塊世代の子どもではないことがわかる。団塊世代の子どもの数が多いのは七三〜八〇年なのです。二〇〇一年に大学を出た人が、団塊世代の父親を持つ確率が最も高い。いわゆる「団塊ジュニア」より五歳ほど若い人たちが「真性団塊ジュニア世代」なんですね（詳細は第一章参照）。

こう考えると、いろいろな若者の風俗や流行が説明しやすくなります。ファッションでいえばコギャル、ルーズソックス、茶髪、ガングロ。ヒット商品ならたまごっち、プリクラ、携帯電話など。みな彼らが高校生時代に火をつけたものです。

Q　その真性団塊ジュニア世代と、団塊世代。親子関係にはどんな特徴があるのでしょうか。

三浦　一九五五年から七五年までは高度成長期で、日本人はアメリカ型の大衆消費社会を目指し、みんなが豊かになることを目指していました。その大きな潮流のなかで育ったのが団塊世代です。

一方「真性団塊ジュニア世代」が育った七五年以降は、高度経済成長は終わり、すでに豊かになっていた時代です。「豊かになるために働く」という意識は希薄になっていった時代といえます。

お金などの目的のための手段を重視するのではなく、それ自体面白いことを求める価値観を社会学ではコンサマトリーといいます。逆に、手段重視の価値観をインスツルメンタルといいますが、これまでは働くとか勉強することがお金や就職のためのインスツルメンタルな行為だったのが、「真性団塊ジュニア世代」が働きだしたいまは、コンサマトリーな、それ自体が面白いからする行為にどんどん変わってきたのだと思います。

団塊世代の親は「しつけが甘い」などといわれますが、その根底にあるのはインスツルメンタルよりコンサマトリーでありたいという気持ちではないでしょうか。昭和ヒトケタ世代の親なら「自分は貧乏だから子どもは豊かにしてあげたい、学歴がないから子どもは大学に入れたい」と思ったが、団塊の親は「自分はインスツルメンタルな人生だったが、子どもにはコンサマトリーな人生を歩ませたい」と思う人が増えたんじゃないか。親がそういう世代になってきていることが、その子どもたちの人生観、勤労観に影響を与えているのではないかと感じます。

団塊世代以降の親は、あまり勉強しろといわないようです。くだらない受験勉強で、失ったものもたくさんあるというか、その時間をもっと別のことに使えばよかったという思いもあるんでしょう。子どもにはその選択肢も残してやりたいということでしょう。

Q　一方で、親としての団塊世代と、職場の上司としての団塊世代は少し様子が違うようです。職場では厳しかったり、若者に対して物分かりが悪かったり。

三浦　やはり団塊世代も、基本は近代主義なのでしょうね。だがそれによって切り捨てた部分への思いを忸怩《じくじ》たる気持ちで持っている。インスツルメンタルとコンサマトリーでいえば、今の若者は四対六でコンサマトリーが勝つが、団塊世代は六対四でインスツルメンタルが勝つくらいのバランス。昭和ヒトケタ世代は九対一でインスツルメンタル。つまり昭和ヒトケタ世代は家でも会社でも厳しいわけです。会社では厳しいけど家では甘いのが団塊世代。家でも会社でも甘いのが団塊ジュニアといいますか（笑）。

団塊世代はダブルスタンダード

Q　母親の役割はどう変わったのでしょうか。

三浦　団塊世代とその少し前の世代は専業主婦率が最も高い世代です。非常に多くの女性が「母親」から「主婦」になった世代といえます。

「母親」という言葉の私のイメージは、いつも働いていていて、遊ぶ暇などない人。子どもが泣いたらおんぶして、家事をする人です。

一方「主婦」は、家電によって家事が省力化され、一日何時間かは暇ができて、たまにはケーキを焼く暇もあるというイメージ。

いまの六十五歳以上は、おそらく結婚当初には家電が揃っていなかった。それに対して新婚道具として家電がまがりなりにもあり、アメリカ的なあこがれの「ママ」である専業主婦が最も多くなったのは、団塊世代くらいの女性からでしょう。生産力、労働力としての母親ではなく、消費生活としてのマイホームでの幸福感の演出家としての主婦になったのです。

だから、子どもにとって母親がいる家庭は、非常に快適なはずです。しかしあまりガミガミ言わない没社会的なマイホーム主義の母親だからこそ、ひきこもりやパラサイトが増えるのかもしれません。

Q　でも「教育ママ」といいますか、子どもの進学にはうるさい母親が多いように思いますが。

三浦　そうですね。そこがダブルスタンダードです。

彼女たちは学歴を重んじる傾向は非常にある。ただ高学歴志向の意味合いが、前の世代とは少し違うのではないでしょうか。貧乏から抜け出すためというよりは、ブランドとしての高学歴志向が強まったのではないか。だからかえって学歴が自己目的化している。

学歴自体の自己目的化は、たしかに団塊世代の女性で強くなったと思います。彼女たちは能力的には大学に進学できたのだが、しなかった人が多い。だから、できれば学歴を手に入れたかったという気持ちがすごく強い。

この世代の女性には、親に「女は大学なんか行くもんじゃない」とか「女に学問はいらない、それじゃ嫁に行けない」と言われた人がまだまだかなり多い。経済的理由で行けなかった人も多いでしょう。

私はあの人よりも勉強ができたのに、親に金がなかった、あるいは親の価値観が古くて高卒で終わった。また大学に進学した人でも、弁護士、医者、教師といった一部の職業についた人を除けば、お茶くみで終わってしまった人が大半でしょう。だから学校人生、職業人生にはいろいろ不満があった。そういう意味で、団塊世代の女性は高学歴志向が強くなったのではないか。短大卒の女性は、四大卒の女性よりも息子を大学に進学させた率がわずかですが高いという調査結果もあります（久保田滋・直井道子「子の学校歴と性差」『総合教育研究』52号）。

しかも母親が主婦になり、生活が楽になった分、子どもの進学にエネルギーを投じた。夜の十時でも車で塾の送り迎えをする暇ができてしまった。昔だったら、その時間は夜なべ仕事で大忙しですよ。

彼女たちは子どもに対し、一方では「自分らしく、自分の好きなことをやっていいのよ」と言いつつ、他方では「大学は出てね」という。それが嫌だったという若い人は多い。

だいたい子どもがグレるというか、親に不満を持つのは、そういう二律背反があるときではないでしょうか。昔の職人だったら「大学なんて出なくたって、父ちゃんも母ちゃんも立派にやってるよ」って言えたかもしれないし、逆に「自分らしくなんて甘いこと言ってるんじゃない、学歴がないとどうしようもない」と言えただろう。どちらでもすっきり言えれば、子どもは親にあまり不信は抱かない。

ところが団塊世代の親は、一方で「自分らしく、自分の好きなことをやっていいのよ」と言いつつ、他方で「いい大学は出てね」と言うわけです。そういうダブルスタンダードがある。父親に多く見られる、職場と家庭におけるコンサマトリーとインスツルメンタルのダブルスタンダード。母親は高学歴志向と自分らしさ志向の両方を追い求めるダブルスタンダードです。

すべてが等価で、一般教養に欠ける

Q　次に団塊世代の親に育てられた「真性団塊ジュニア世代」に話を移したいと思います。仕事への取り組み方に限らず、趣味、友人との人間関係など、なにごとも「広く浅く」に見えます。それはなぜなのでしょうか。

三浦　主と従とか、主と副といった関係が私たちに比べて弱いのでしょう。全部等価で、価値相対主義。

たとえば作家の関川夏央さんが最近朝日新聞に書かれていましたが、東京大学の大学院生が「ドストエフスキーって誰ですか」と聞いたそうです。大学院生ともあろう者がドストエフスキーを知らないことは恥ずかしい、という価値観がそこにはない。

彼らにとっては『少年ジャンプ』の漫画家の名前を知らないのも、ドストエフスキーを知らないのも同じこと、恥ずかしくないわけです。そういう相対化された価値観を持っている。

だとすると、やるべきことと、したいことの区別もあまりないのではないかと考えられます。すべては「したいこと」といいますか。「ドストエフスキーを知っている」ということは、いまの若者にとっては趣味になってしまって、それは「あ、ドストエフスキーが好きなんだ」ということにしかならない。

Q　「身につけるべき教養」といった感覚がないということでしょうか。

三浦　大学を出たなら、ドストエフスキーぐらいは知っていて、一冊ぐらいは読んでおくのが当然だという意識はない。「好きなんだ」になってしまう。いわば教養の崩壊です。中流化の時代には、物質的に豊かになることと、西洋の文物、教養を身に付けることは一致していた。テーブルマナーを知ること、カラーテレビを買うこと、出世をすること、中流化とはそれらすべてを手に入れることを意味していた。

ところがいまの若者は最初から中流だった。少なくとも物質的にはそうだった。その状態で二十年、三十年生きてきたから、目指すものが何もない。ある人はドストエフスキーを読んでいる。それは好きだからだ。ある人は漫画を読む。それも好きだからだ。同じ価値だということです。ドストエフスキーが教養で、漫画は違うとは思わない。

そのようにあらゆるものが非常に平面的に、強弱なく、等価値で置かれている。だから、勉強も好きだからやるものだと考える。働くのも好きだから働く。嫌なら働かない。正社員になること、アルバイトすること、遊ぶことへの距離感が、全部同じなのではないでしょうか。どっちかが中心とか、主だということが昔と比べてなくなってきている。

「働くことは働くが、忠誠心は持ちません」というのとは、また違うのです。よくアンケートであるような「仕事中心か、余暇中心か、両方か」というようには、仕事をとらえていないと感じます。そんな聞き方をすること自体がおかしいと考えるわけです。

昔は、仕事をしないのはおかしいことだった。そして余った時間に漫画を読んだ。いまは働いている人は好きで働いていているんだと思っている。逆に、好きでもないのに働くのは不思議でたまらないのでしょう。

職業生活習得学校が必要

Q　そうなると、たとえば一丸となって目標に進むような組織をつくりたいなら、仕事を好きな人を探し出し、集めるしかないことになりますね。

三浦　だから、プロジェクトは成り立つが、組織は成り立たなくなってきているのではないか。プロジェクト型でなければ、質の高い仕事はできなくなる気がします。

ＮＨＫの「プロジェクトＸ」で描かれる話には、プロジェクト以上に組織への忠誠が感じられますが、今の若い人にそれを求めるのは難しい。プロジェクトでは熱く燃えたけど、終わったら「はい、さようなら」となりそうな気がします。燃えたい気持ちはあるのでしょうが。

Q　大きく燃え上がるためには、ぞうきんがけ的な仕事の経験も必要だと思うのですが。

三浦　ぞうきんがけをしないと燃料はたまらない。いきなり火はつかないという難しさがある。どうやって基礎体力というか、ぞうきんがけをさせて、自分の中の根っこを深く掘ってもらうか。それさえできれば、あとはプロジェクト単位でも職業生活ができる力がつくのでしょうが。

いまの時代、高校、大学を出てすぐ就職させるのは大変困難です。昔は家庭が社会の一部であり、生産の場、働く場でもありましたが、今は社会から閉ざされた温室、カプセルみたいなものですから。就職予備校ではないが、いろんなぞうきんがけが体験できる機関がいるのだと思います。こんなぞうきんがけがあるのか、こんな便所掃除もあるのかと体験できるような。

企業はこれまで自前のＯＪＴ（On the Job Trainingの略。業務を通じて仕事を覚えること）でやってきたが、企業にその体力もなくなってきたし、若者もやる気がない。そうなると、リクルートのような第三者の企業か、ＮＰＯか、行政機関が運営する「働くのは面白そうだ」と思わせるような機関、正社員になりたいフリーターに職業生活の習慣を身につけさせる機関が必要でしょう。

三十歳までフリーター生活では、そもそも朝七時に起きて、ご飯食べて、八時に会社行ってという習慣がまったく身につかないまま終わる。学生でもアルバイトばかりしている子は、昼に起きて、夕方四時から朝十時までアルバイトして、一日一食しか食べない。そんな若者はたくさんいます。そんなのじゃフリーター確定なんだけどね（笑）。ルーティンで働くという癖をつけず、不規則にアルバイトをする癖がつくと、いつになっても正社員にはとてもなれないと思います。

正社員で働きたいけど雇ってもらえないなら、雇われたときに役立つような生活習慣をつけてあげるべきです。ある場所に行けば、いろんな仕事があり、無給だが九時から五時まで働かせてもらえるような。そこで癖をつけ、スキルも身につける。目標がまだ決まってない人のための職業生活習得学校とでも言うのでしょうか。ＮＰＯが協力し、会社を定年退職した人などが教える立場になれば、コストもそんなにかからないでしょう。

Q　これは悪い社会になりつつあるのでしょうか。

三浦　いや、必ずしもそうは思いません。生きるため、お金のために働かなくていい社会というのは、実は人類の理想社会ですよね。

逆にいえば、現代は、何のために働くのかがわからなくなった社会であり、初めてお金のため、生きるためではない、働く意味を問わねばならない社会になったのだと思います。

この間中国から来た留学生が面白いことを言っていましたよ。「日本の若者は素晴らしい。生きるため、食べるために働かない。みんないつも自分は何なのか、何のために生きるのかを考えている。それはまるで荘子の思想のようだ」と。

Q　すごいたとえが出てきますね！

三浦　そう言われて僕は、大学時代に読んだ文庫本で「荘子」を読み返したんだけど、一応政治思想だから、そんなに世を捨てたような思想じゃないと思うけどね。「老子」も読んだけど、そっちのほうが近いかな。まあ、とにかく老荘思想のイメージにある、目先の実利を求めず、自然に振る舞うという感じを、中国人が日本の若者に感じるっていうんだから面白いよね。

ちなみにマズローの欲求段階説にある「自己実現」self-actualizationっていう言葉、よく若者論でも使われますよね。これ、マズローの本来の意味は荘子かどうかわかんないけど、ちょっと東洋思想的で、自我を超越して創造できるようになるというような意味なんだね。無我の境地、悟りの境地というか。孔子の「心の欲するところに従って、矩《のり》を越えず」みたいな感じもあるかもしれない。

そういえば、僕の会社で雇っていたやつがさ、三十歳くらいのフリーライターなんだけど、「心の欲するところに従って、乗り遅れず」って思っていたらしくてね、笑っちゃったよ。そいつは現代思想オタクみたいなやつなんだけど、現代思想の前に「論語」くらい読めよって思うよね。

で、その荘子の世界は、まあ一種の理想社会ではあるんだけど、荘子は勤め人には向かないですよね（笑）。孔子はまだ向いてるけど。だからちょっと社会性が弱いんで、大人が補強してあげる必要があるんだと思いますね。

インタビュー
フリーター
29歳・男性

自分らしく生きろ、でも早稲田には行け。

僕の家があったのは津田沼駅から乗り換える京成線の駅から一〇分ほどのところです。生まれてからずっと高校三年になるまでそこに住んでいました。

高三でそこを離れたのは浪人して寮に入ったこともありますが、父が高二の時に亡くなったので、母も引っ越したんです。

父は一九四六年生まれ、母は四八年生まれ。二人とも早稲田の政経で、学生時代に知り合い、母の卒業と同時に結婚したのが七一年で、母は専業主婦になり、翌年にはもう僕が生まれたから、ほんとに三浦さんの本(『「家族」と「幸福」の戦後史』)のとおりの典型的な団塊世代の夫婦です。

家は建て売りではなく、土地は父の父が買って、家は父が建てたものです。平屋でしたが、庭にはたしかに芝生があって、白い二人乗りのブランコがあった！あの、公園とかにある対面式のブランコありますよね。あれのプラスチック製の小さいのです。バーベキューセットとかパラソルとかもあったし(笑)。

あと、家の中にはフラワーな感じのものが多かったように記憶しています。ポットとか花柄でしたし。テレビは一四型だったと思うのですが、赤いテレビでした。いかにも七〇年代ニューファミリー的でしょ。

父は赤羽のほうの出身で、祖父は田舎から東京に出てきて通信関係の会社の勤め人だったようですが、それ以上はあまり知りません。

父は卒業後音楽関係の出版社に入りました。大学でクラシックギターとジャズトランペット、それとオーケストラの指揮をしていた人なので、好きな音楽を仕事にしたのです。

出版社ではFM雑誌の創刊から携わったようで、ずっとその雑誌で南こうせつとかぐや姫、さだまさしとかのライブの記事を書いていました。全国ツアーに一緒について行ったりするのでほとんど家にはいなかった。週に一回くらいしかいなかったですね。で、たまに帰ってくると南こうせつさんを家に連れてきたりしてた。

だから家ではいつも音楽が流れていました。ジャンルは問いませんが、フォークとかニューミュージックがやはり多かったかな。南こうせつ、さだまさし、因幡晃、伊勢正三、井上陽水、研ナオコ……。いちばんよく流れていたのは、サイモンとガーファンクル。すごく聴いてましたね。両親とも好きだったんで。

白いギターですか？　それはないです。一応親父はクラシックギターですから。でも吉田拓郎は好きでした。母は拓郎が好きじゃなかった。ああいう、なんていうか、少し野卑な感じは母はだめなんです。高田渡も親父は好きでしたが、母はだめ。やはりもっと洗練されたというか、都会的というか、ニューミュージック的なほうがいい。

ユーミンも聴いてましたよ。でも荒井由実のときだけ。あと、八〇年代から流行ったような音楽はやっぱりあまり聴いてないです。


こういう音楽の好きな家庭でしたが、八〇年代後半になると、音楽はプロモーションビデオが全盛だし、ＣＤが普及してきたし、レンタルレコードもあるしということで、ＦＭをエアチェックする人が減ってきて、ＦＭ雑誌の売れ行きが落ちてきた。それで父はずっとやってきた、自分が育ててきたとも言えるＦＭ雑誌の編集から営業に異動するよう命じられたんです。

でも、父は編集一筋で現場が好きなタイプ。営業なんてしたくないってことで、会社を辞めて、フリーのライターになりたいと言い出した。そこで母とだいぶ問答があったんです。

母はもちろん「会社を辞めるなんてとんでもない、フリーでなんてやっていけるのか、あてがあるのか」と大反対だった。父は「フリーなんだから、あらかじめあてがあるかどうかなんてわかるわけない、それとも俺に営業をやれっていうのか!?」って、ふたりで言い争っていました。

実際フリーになってみると、最初はご祝儀で来る仕事もあるし、まあ順調だった。しかししばらくすると仕事が減ってきた。家の隣に父の母がアパートを建てて経営していたので、父はそこの一室を仕事場にしていたんですが、仕事が来ないときは、もともと酒好きだったものだから、部屋にこもって酒を飲むようになった。

そうなると母も父を問いつめる。「どうするの!」って。それでしばらくして二人は別居することになった。母と僕は別の駅に引っ越した。ちょうどそのころ母の父が亡くなって遺産が入ったので、母は二〇坪くらいの土地の小さな建て売り住宅を買ったんです。

別居すると父も仕事がうまく行き始め、雑誌の連載なども始まった。でも独り暮らしになったせいか、毎日あんまり食べ物を食べずに飲んでばかりいて、最後は内臓がみんなぼろぼろになって死んでしまった。父とは連絡を取っていたとは言え、病気はけっこう寝耳に水だった。危険だと知らされてから一週間くらいしか持ちませんでした。僕が高二の時です。

父が亡くなったときの母の反応は、「あと少しでうまくいったのに」というような無念そうな感じだった。母は父が嫌いになって別居したのではなく、あくまでもそのほうが父の仕事がうまくいくという視点でしたからね。一貫して「父親のために」というスタンスだったから、自分が父を追いつめていたという自覚はほとんどないと思います。

でも今の僕から見ると、母は母の立場に立っていただけで、父の仕事がうまくいかなかったのも母のせいだった部分もあると思います。

母は父の悪口を言ったことはない。いつも父のためにと思い、行動していた。でも母は父を励ましたりしたこともないんです。父をくさすことしかしない。「今度の原稿面白いわね」とか言うこともなかった。

仕事がなければ「どうするの！　どうしてうまくいかないの！」って責めるだけ。「こうしたらうまくいくんじゃないかしら」とか「こういうことやったら面白いよねえ」とか言ったことがない。「いいわよ、会社辞めても、なんとかなるわよ」なんて絶対言わなかった。

母だって早稲田出てるんだから、父の仕事を手伝うことはいくらでもできたはずです。英語の歌詞を訳すとか、なんかあるでしょ。でも母は、働くのは父の役割で、自分の役割は違うというような考えが強かった。

でも当時は僕は母の側に立っていました。悪いのは親父のほうだって。中学や高校の時って正しいか正しくないかだけで判断するじゃないですか。

でも、自分が働いてみるとわかるんですが、世の中って、良いか悪いかだけじゃないでしょ。その点母は正しすぎる。A型だからかな。論理で戦うと母のほうが正しくて、母が勝っちゃうんですね。そうして父を追いつめてしまっていた。別居したのも、それに母が少し気づいて、父を追いつめないようにしようとしたからなんです。

母は本当の自由人ではないんですね。まっとうすぎる。僕に対してもオープンなつもり、理解があるつもりですが、違うんです。

母は、実は、ある有名な人物の曾孫なんです。家は鎌倉だし。高校まではミッション系のお嬢様学校だし。大学を出てすぐ専業主婦になったから、社会に広く目を向けたのは大学の四年間だけなんですね。だから自由な見方、いろいろな幅広い物の見方ができないのは当然でしょう。

大学が早稲田だっていうのは、母にしてみれば家への反抗というか、ドロップアウトしたかったんじゃないかな。そういう狭くて保守的な世界から出たかった。本当ならお嬢様大学に行って、親の決めた名家の男性と結婚して、それでめでたしめでたしだったはずです。それをわざわざ早稲田の政経に来るなんて、よほど自分の氏素性をいったん否定したいということだったんでしょう。

で、父は下町のほうの出身で、自由人。自分とは全然違うタイプ。自分が、そうなりたいと願ったような人生を送るタイプだった。だから父に惹かれたんでしょうね。当然結婚するときは親の反対があったようです。鎌倉の家に僕も行ったことはありますが、祖父には会ったことがあまりない。家がいくつもあるので、必ずその家にいるわけではないのです。

父は母にコンプレックスがあったと思います。逆に母は父にシンパシーがあった。さっき言ったように、母のほうが理屈が通ったことを言いますから、夫婦げんかをしても、母が正しいことを言って、それでも父は言うことを聞かず好き勝手するから、最後には母がさめざめと泣いて終わりというパターンでした。

両親は僕に対しては、自由にやれという意見でした。でも一方で、かくあるべしってのもある。リベラルだが、受験もちゃんとして、ちゃんと大学を出て、ちゃんと会社で働けと。だから僕が、じゃあ職人になるって言ったら、嫌な顔をする。

僕は小学校は地元の公立ですが、中学から市川の私立に行きました。両親は中学受験すればあとは好きなことができるとか、世の中で高卒だとどれだけ苦労するかだとか、そういうことはよく言ってました。

だから小学校の時から千葉駅前の塾と四谷大塚と二つ通った。平日三日は千葉、土日どっちか一日が四谷大塚。

どんな職業につけとか言われたことはないですが、早稲田に行けとは言われましたね。父も母も大学が早稲田であることには意味があったから。早稲田を出て、そして好きな音楽の仕事をしているということが父のプライドだったし。

僕は小学校の時は勉強しなくても成績はトップクラスでしたが、中学ではやっぱり開成を落ちて来た奴とかいるんで、全然かなわなかった。そして高校からまた開成に落ちて来る奴がいて、そういう奴らはやっぱり大学も東大、早慶などに行くわけですが、中学からもちあがってきた僕らみたいなのは、もう全然だめで、女の子と遊んでばっかりでした。

だから当然浪人して、でも予備校の寮が保谷にあって、それで吉祥寺にしょっちゅう来るようになって、吉祥寺で女の子をナンパしてホテルに行ってってっていう生活をしてしまったので、もう人生は立て直せない。こんなことだから大学は、適当な大学の法学部にやっとひっかかった程度。

でも僕は高校時代から音楽が好きになっていたので、イカテンとか、その前のインディーズとかを聴いて、『ロッキング・オン』に投書したりしていたし、大学も行かなくていいと思ったくらいで。だから学生時代も、ある音楽評論家が地方ＦＭ局と共同出資で作った会社で働いて暮らしていました。今は広告映像を製作する会社を友人と一緒に経営しています。社長以下二〇代だけの若い会社です。

母は今は三浦市に自分の兄（僕の伯父）と同居しています。伯父はもう六〇歳ですが独身で、悠々自適の暮らし。母はそこに住んで鎌倉の料亭で、なんと料理長をしています。大学の同級生がその料亭を経営していたので、そこを手伝っていたのですが、料理が得意だったし、勉強好きだからふぐ調理の免許まで取ったりして、すっかり料理人です。母にはやはり鎌倉の水が合うのかもしれません。

（年齢はインタビュー当時）

第二部

若者のいる場所

4 都市が居間になる。

カフェは街の縁側

二〇〇〇年の春ごろから、カフェが大変なブームになった。スターバックスのようなチェーン店が増えたこともあるが、それ以外に原宿などの地域に個性的な店ができたことが影響している。それにつれて、カフェ以外のブティックもカフェ的な空間演出をするようになった。この写真①がその一例だ。

まず、カフェの定番ともいえるイームズの椅子が使用されている。そして、店の内部と外部の境界が、非常に曖昧であることも見逃せない。ヨーロッパのカフェのほとんどは道路に対してオープンになっているが、日本ではあまり見られなかった。昔の喫茶店は、照明が概して暗く、地下にあることも多かったので、閉鎖的な印象を与えていた。

しかし最近のカフェは街に対して開かれたものになっている。また、それは機能としては縁

写真①

写真②

写真③

側に近いと評されることもある。縁側的な「内と外の曖昧さ」に独特の気持ちよさが感じられるということだろう。

街のアート化

写真②は渋谷区の明治通りの交通標識である。シールが貼られたり、落書きが描かれたりしている。写真③のポストにもシールが貼られて、なかなかオチャメでかわいいものになっている。渋谷のレコード店街などはあらゆる建物に落書きされていて、写真④などは現代美術のジャクソン・ポロックのようである。写真⑤は高円寺のレコード屋であるが、以前は古着屋、その前は定食屋だった。ニューヨーク帰りの三十代のオーナーが、黒人音楽に惚れ込んで開業したという。店内だけでなく、店の外にまでこだわりがにじみだしている。

フリマ

東京では、フリーマーケット（以下、フリマと略）が一九九〇年代半ばから流行している。メッカのひとつは、若者の街として知られる吉祥寺の井の頭公園である。一九九八年ごろから若者によるフリマが盛んになった。最近は昼間の公園だけではなく、夜のＪＲ吉祥寺の駅前でもフリマが行われている（写真⑥）。

高円寺のガード下の飲み屋街で開催されるフリマもあった。焼き鳥やうなぎを売る店からにじみ出た油がコンクリートの道路にしみついて黒光りし、お世辞にも清潔とはいえない場所で、それは行われていた。「清潔」「洗練」が重視された一九八〇年代半ばには、考えられなかったことである。

ジベタリアン

一九九七〜九八年ごろから、路上のいたる所に座り込む、若者の姿が目立つようになった。駅もカフェテリア化しており、購入したハンバーガーを、ホームのベンチに座って食べるという光景もよく見られる（写真⑦）。同様に、電車内や駅のベンチなどで化粧をする女性も、最近珍しくなくなった（写真⑧）。

写真⑤

写真④

写真⑥

写真⑦

写真⑨

写真⑧

喫煙時にも、路上に座り込む人が多い。本来なら往来の邪魔にならない場所で吸うべきだが、写真⑨の若者は、ビルの入り口の前の歩道の真ん中に座り込んでいる。しかも、こういう場合、建物を背にして座るならまだわかるが、彼は建物に対して直角に座り込んでいる。おそらくタバコが吸いたいと思った途端にそこに座りこんだのであろう。

歩き食べ

ジベタリアン現象について、ここ三、四年、歩きながら物を食べる人々を多く見かけるようになった。それはあたかも「ジベタリアンの直立猿人化」、つまり四足歩行から二足歩行への進化の過程をみているかのようである。

写真⑩は、吉祥寺で、よく見かける女性を撮ったものである。見ての通り、パシュミナのストールを羽織った三〇歳くらいの落ち着いた女性だが、毎日何かを食べながら駅に向かっている。「今日は、寝坊してしまったから」という理由で、歩き食べをしているのではなく、朝ご飯は家から駅に向かうまでに済ますというライフスタイルなのである。

写真⑪は典型的な歩き食べスタイルである。半ズボンに寝癖の髪、片手にはパンを持ち、ストローつきのパックジュースを飲み、コンビニ袋を腕にかけている。

ちなみに私は今パリにいて、原稿に加筆修正しているのだが、パリの歩き食べは東京以上に

写真⑩

写真⑪

激しい。若者だけでなく、おじさんもおばさんもおばあちゃんも歩きながら食べている。毛皮のコートを着た、金持ちそうな中年女性ですら歩き食べをしている。パリにはサンドイッチ屋が無数にあるので、カフェに入るお金と時間のない人は、サンドイッチを食べながら歩くのだろう。特に私のホテルのあるサンジェルマンは学生街なので、歩き食べが激しいようだ。シャンゼリゼ界隈では、そんなに多くない。地べたに座り込んでいるのはホームレスだけだが、それはパリには犬の糞が多いからだろう。それでも私のホテルの横の高校の前は、生徒が座り込んで、歩道にじかにサンドイッチを置いて座り込んでいる。その光景は渋谷のセンター街とあまり違わない。

パリは三度目だが、十年前、二十年前はこれほど歩き食べはなかったと記憶する。歩き食べは世界的な現象なのだろうか。

路上寝

さて、しかし直立するとやはり疲れてしまうのか、路上で寝る若者も現れている。

路上で寝る若者を初めて見たのは、二〇〇〇年五月のJR恵比寿駅前である。私の前を歩いていた若者が突然道端に寝てしまったのだ。ヘッドフォンを首にかけたままである。酔っ払いでも薬物中毒でもなく「ただ疲れたから、寝てしまった」というふうであった。

写真⑫は、二〇〇二年の夏、吉祥寺パルコの前であるが、ベンチが隣にあるにもかかわらず、あえて路上に横になっているのは、なんとも不可解である。おそらく夜中にスケートボードの練習をして、疲れて寝たのであろう。雨降りの中でもかまわず寝ている者も見た（写真⑬）。

写真⑭は、吉祥寺の朝の八時頃。パチンコ屋の開店を待っている人の列を撮ったものである。それぞれ寝ころんだり、本を読んだり、ヘッドフォンで音楽を聴いたり、携帯電話をいじっている人など、思い思いの時間を過ごしている。まるで路上が居間になったかのようであるが、動物園の猿山のようにも見える。

それから私は先日早稲田大学に行ったのだが、校舎の中の床で寝ている学生がいたので驚いた。すぐ横にベンチがあるのに、そこで寝ないで、床で寝ているのである。もちろん床に座ってコンビニ弁当を食べている女子学生もいた。こういうモラルの低下が、スーパーフリーのようなレイプサークルを生む土壌になっているのだと思った。

写真⑫

写真⑬

写真⑭

歩きたばこと歩き食べの割合は同じ

私は二〇〇一年の夏、下北沢で若者の行動をビデオで三〇分間定点観測した。そして見かけの年齢別に何を持って歩いているかを調べた。

まず十代では、携帯電話を持ち、または使用しながら歩く者が18・3%と非常に高く、年齢が上がるにつれてその割合は低下している。大人は、携帯電話を使用するときは、ふと立ち止まってしまうのだろう（表4）。

四十代の歩きタバコ率は、4・4%であり、三十代のヘッドフォン・イヤホン装着率に近い。また、二十代の歩き食べは、3・1%と、これも近い値を示している。つまりタバコの代替の嗜好品が、音楽になっているのではないかという仮説が成り立つし、歩き食べ現象も、大人からみると非常に不可解であるが、四十代が歩きタバコをするのと同じことだと言える。

もちろん二十代も歩きタバコやヘッドフォン装着の率も低くはない。若いほどその割合は大きく、若者の「歩きながら文化」の進歩はとどまるところを知らないのである。

リビングルーム・カルチャー

こうした歩きながら行動を生んだ背景としては電話の子機とリモコンが考えられるのではないか。テレビやエアコンのリモコンは自分の手元で思いどおりの操作をする習慣を身につけさせたという点で、携帯電話の普及に影響したのではないかと思えるのだ。居間でテレビのリモコンを操作する感覚で、街の中でも携帯電話を操作しているのであろう。

また寝転びながらリモコンで操作する行動は、路上に座ったり寝たりすることに通じるものを感じる。言ってみれば「リビングルーム・カルチャー」ともいうべき行動様式が家の外に出て行ったのである。

表4　通行人が歩きながら何を持っているかの比率

	全体	19歳以下	20代	30代	40代
通行人総数	610人	46人	306人	81人	177人
携帯電話	6.9% (42人)	18.3%	8.2%	10.4%	0.0%
飲む・食べる	3.4% (21人)	15.2%	3.1%	1.4%	2.0%
イヤホン・ヘッドホン	3.9% (24人)	7.5%	5.6%	4.2%	0.0%
たばこ	3.6% (22人)	5.6%	3.4%	1.6%	4.4%

資料:カルチャースタディーズ研究所、2001

人類は進歩したのか

歩きながらの飲食や携帯電話には「なにかを持ちながら歩かないと落ち着かない」という、類人猿以来の人間の習性めいたものすら感じられる。

人間は二足歩行によって、手が自由に使えるようになった。同時に直立歩行は重い頭を支えることを可能にし、脳の発達を促し、手の使用は脳をさらに発達させた。その脳の発達の結果が現代の文明だ。

発達した文明は携帯電話をつくり出し、街中にあるコンビニから二四時間自由に好きな食べ物を選べる都市環境を生み出した。それはまるで南洋の楽園のようである。そして人は食べながら歩き、歩きながら絵文字という象形文字でメールをするようになった。歩き食べと象形文字。まるで旧石器時代である。文明の進化が人間を旧石器時代に引き戻したのだろうか。

5 コンビニ文明

補完的だったコンビニの役割

コンビニが日本に登場したのは一九七四年のセブン‐イレブン豊洲店が最初だという。しかし本格的に店舗数が増え、どんな街にも必ず一つはあるという状況になったのは八〇年代に入ってからであろう。私は八〇年代前半が独身一人暮らし時代だったので、毎日のようにコンビニを利用した。それでもまだ当時は、自分の家の近くにコンビニはなくて、コンビニに行くために駅から遠回りをして帰るということもあった。

それが自分の家から五分以内にかならずコンビニがあるという状況になったのは、八〇年代後半であろう。もちろん地域差はあるが、東京でずっと暮らしてきた私の実感ではそんな感じだ。

こうしたコンビニの普及状況に対する体験の差によって、世代の差も生まれてきたはずだ。

八〇年代前半に独身でコンビニを利用したのは、私くらい、つまり一九五〇年代後半生まれだろう。実際私は毎日のように会社の帰りにコンビニに立ち寄った。しかし私より上の世代は独身時代にコンビニを利用する機会はまだ非常に少なかったはずである。

しかし、八〇年代前半までのコンビニはまだ営業時間が短かった。セブン‐イレブンの名の通り、どこのチェーンも午前七時から午後十一時までが基本であった。

そもそも、セブン‐イレブン、ローソン、ファミリーマートといった大規模コンビニチェーンの力はいまより弱く、地元の小規模チェーンがたくさんあったし、酒屋をベースにしたミニスーパーも多かった。いまやコンビニの売り上げの多くを占める弁当も、当時はあまり重要ではなく、弁当を買うときは弁当屋のチェーン店で買うほうが普通だった。つまりいまほどはコンビニがわれわれの生活のなかで大きな地位を占めていなかったのである。

言い換えれば、この時代におけるコンビニはまだあくまで生活を補完するものであったと言える。昼間にスーパーや普通の商店で買えればいいのだが、一人暮らしをしていてその時間がないという人が利用者の中心だった。社会の主流は、結婚している人、家族と同居している人であり、そういう人には、コンビニはあまり必要がなかったのである。

コンビニと晩婚化

ところが八〇年代後半以降、コンビニは急速に店舗数を増やす。地価高騰により古い商店がつぶれてマンションに建て替わり、そのマンションの一階には必ずと言ってよいほどコンビニが入った。かつ、この時代にはコンビニはほぼ全店で二十四時間体制になる。

こうなると、コンビニは生活を補完するもの以上の意味を持ってくる。昼間に買い物ができないからコンビニに行くという消極的ニーズに加えて、いつでもコンビニに行けば何か楽しい物があるからコンビニに行くという積極的ニーズが拡大してきたのである。

ビジネス的に見ても、一人暮らしの需要に対応するだけでは成長が期待できない。一人暮らしでない若者も、若者でない人もコンビニの顧客にするには、コンビニの役割を生活の補完的役割から、さらに大きなものにする必要があった。チケットの予約、宅配便の受付、公共料金の振り込みなど、物を買うだけでなく、多くのサービスがコンビニで受けられるようになった。

この時代にコンビニを利用したのは六〇年代生まれである。マーケティング的に言えば新人類世代に当たる。新人類世代が二〇代の時期はちょうどバブル期。新入社員のボーナスが二〇〇万円などという時代であった。だから新人類世代は、ディスコだカフェバーだといって夜遊びを盛んにした。必然的に帰りは深夜になる。コンビニがますます必要になった。

新人類世代は晩婚化が進んだ世代でもあるが、晩婚化のひとつの背景には、コンビニの普及と二十四時間化があると私は思っている。一人暮らしでも、コンビニがあればいつでも食べ物を手に入れることができるようになったからだ。

昔なら、深夜に家に帰った男たちは、奥さんにお茶漬けを作ってもらいたいと思っただろう。だから早く結婚したいと思った。しかしコンビニの二十四時間化により、男たちは夜遊びの後でも気軽に食べ物を買えるようになった。一人で食べるのは寂しいかもしれないが、とにかく食べ物にはありつけたし、コンビニの食べ物はどんどんおいしくなっていった。その分、結婚したいと思う気持ちは減ったのではなかろうか。

コンビニが脇役から主役になった

新人類世代までは、基本的にはコンビニを大学生になってから、あるいは一人暮らしをするようになってから利用した世代であると言える。ところが、その下の団塊ジュニア世代になると、小中学生のときからコンビニを利用してきた世代である。

団塊ジュニア世代は一般的には一九七〇年代前半生まれを指す。人口の多い彼らは、受験競争が厳しい。よって小学校五、六年生になると夜の九時、十時まで塾に通うようになった。そして塾の帰りにコンビニで立ち食いをした最初の世代となったのである。そして彼らが中学、高校と進むにつれて、ますますコンビニは増えていった。そういう意味で団塊ジュニア世代は筋金入りのコンビニ世代であり、彼らの食欲がコンビニの成長を支えてきたと言っても過言ではないだろう。また団塊ジュニア世代は、多くが郊外の新興住宅地、ニュータウンで生まれ育った世代であるから、彼らにとっての原風景は駅前商店街のようなものではなく、ロードサイドのスーパーであリファミレスでありコンビニなのだ。

こうして見ると、団塊ジュニア世代およびそれ以降の世代にとっては、コンビニはすでに生活の中で補完的、脇役的な存在ではなくなり、むしろコンビニこそが生活の場で主役の地位を占めるようになったと言えるであろう。ついにコンビニと既存業態の間で「主―副」の逆転が起きたのである。

この「主―副」の逆転現象は、ビジネス的には単純な競争の結果であって、さほど面白い話ではないが、ドン・キホーテのような二十四時間営業の何でも雑貨店（?）が登場したのも、スーパーが深夜まで営業するようになったのも、コンビニへの対抗であることは間違いない。つまりコンビニ以外に「コンビニ的なるもの」が増えたのである。近年は夜の十時に新鮮な刺身を求めてスーパーに来る客が増えているという。

そこで私の関心を引くのは、コンビニおよびコンビニ的なるものが生活の中心、主役であるような社会が、人間にどのような影響を及ぼすのかという点である。

料理を自分でつくらなくても、二十四時間、三六五日、そこに行けば大概の物が手に入るという状況。食べ物について言えば、弁当、おにぎり、サンドイッチ、お菓子、デザートなどが揃い、しかも、大寒の日の深夜二時でもアイスクリームが売っているという状況。こういう状況を当たり前だと思って育ったのが今の二十代以下だ。彼らの食に対する価値観はどう変化しているのであろう。ひとことで言えば、それは、ただ与えられた物を選ぶだけの、きわめて受動的なものになっており、食べることが文化的な行為から本能的な行動へ、あるいは単なる刺激に対する反応へ変わってしまっているようにも思えるのだ。

「コンビニ文明」は動物化を促進する？

批評家の東浩紀は『動物化するポストモダン』（講談社）の中で、哲学者のコジェーヴを引用しながら、動物には欲求はあるが欲望がないと言っている。欲求とは、たとえば空腹を満たしたいというように、欠乏を充足しようとするものである。

対して、人間が持つ欲望とは、単に欠乏を充足しただけでは満足できず、他者を必要とする。

食で言えば、恋人と一緒に食べたいとか、有名レストランで食べたいとか、それを人に自慢したいとか、料理をだれかに食べてもらいたいとかいったものが欲望だということになろう。

東の論に従って極論を言えば、現代の若者には欲望がない。本能的な欲求があるだけだということになる。腹が減ったから何か食べたい、特においしくなくてもよい、まずくなければよい、早く何か食べたい、じゃあコンビニでいいや、地べたに座って食べればいいやということになるわけである（私の仕事場の近くのセブン - イレブンには昼になると料理学校の学生がたくさん来る。彼らはみな、弁当を買って地べたに座って食べている。彼らが調理師になるのかと思うと、私は生きるのが嫌になる）。

見栄っぱりの欲望にからめ取られるのはくだらないという考え方もあり得る。が、私はどうせ食べるなら、ちゃんとしたところで、ちゃんとしたものを、マナーにのっとって食べたい（ここでちゃんとしたところで、ちゃんとした物を食べるというのは、決して高級なおフランス料理をうやうやしく食べるという意味ではなく、そば屋ではそばを、居酒屋では酒を、それぞれの流儀にのっとってうまそうに食すという意味である）。

逆に、人の視線を気にすることなく、ただ腹が減ったから、いつでもどこでも何かを腹に入れたいというだけなら、それはまさに動物的欲求であり、本能的行動と変わらないであろう。コンビニは、ファストフードなどとともにこの動物化を進めたと言えるのではないだろうか。

もちろん二十四時間いつでもどこでもというライフスタイルを可能にしたのはコンビニだけではない。テレビ放送も二十四時間化したし、ビデオの普及はテレビ視聴は映画鑑賞の時間的・空間的制約を解消した。ウォークマンはいつでもどこでも音楽を聴くことを可能にした。携帯電話はいつでもどこでもコミュニケーションすることを可能にした。全体として「コンビニ文明」ともいうべきライフスタイルが実現したのだ。このトレンドは今後ますます強まりこそすれ弱まることはない。とすれば人間はますます動物的になるのであろうか？

ゾンビはショッピングモールが好き

アメリカの一九八〇年代のホラー映画に『ゾンビ』という名作がある。私は血を見るのが苦手なので、ホラー映画という物はほとんど観ないのだが、この映画だけは最近ＤＶＤで観た。なぜ観たかというと、この映画の舞台はアメリカの郊外のショッピングモールだと聞いたからである。

私は世代研究、若者研究のほかに、郊外研究、アメリカ消費文化研究、そして近年はショッピングモールの社会学的研究もしている。だからこの映画は資料として観なければならなかったのである。

この映画では冒頭からゾンビ（ゾンビとは「生き返った死体」の意味）がアメリカ全土で増え始めるというところから始まる。ゾンビは人肉を食べる。食べられた人間は死ぬが、しばらくするとゾンビとしてよみがえる。こうしてどんどんゾンビが増えていくのである。

そしてゾンビはみなある場所に集まってくる。それが砂漠のような土地に作られたショッピングモールなのだ。

しかしなぜショッピングモールに集まるのか。登場人物は言う。

「本能だ。生きているときにいつも来ていたんだ。その習慣だ」

たしかにアメリカ人はショッピングモールが好きである。というか、ショッピングモールがないと生きていけないような何もない荒野や砂漠や沼地に住宅地を作って住んでいるのである。その意味では月世界にコロニーを作るのと同じである。ショッピングモールは宇宙船であり宇宙基地なのだ。

ショッピングモールの中には、映画館も郵便局も教会もある。ショッピングモールはアメリカの郊外生活者にとっては重要なコミュニティでもある。こういうことはすでに社会学や建築批評の本で指摘されていることである。

それにしてもショッピングモールしかコミュニティがないなんて、寂しい話だと私は思う。が、日本人の現代の生活もすでにショッピングモールやコンビニがないと生きていけないものになっている。まだショッピングモールやコンビニがコミュニティだというところまでは来ていないが、まあ、あと十年もすればそういう感覚がかなり一般化するだろう。

大量に物が溢れるショッピングモール。そこは、人々の消費への欲望を刺激し、消費することでコミュニティを感じさせる装置だ。だから毎日そこへ行って物を買うことが習慣になり、いずれ本能になる。

消費者を本能で行動させる。これはマーケティングの常道だ。消費社会は人間を本能だけで動く動物にしようとしている。

いずれ、死んでも夜中にコンビニに行くゾンビが日本でも増えるだろう。

6 歩き食べの研究

94%が歩きながら食べる

最近の若者のほとんどは、道を歩きながらものを食べる。電車の中でも食べるし、駅のホームでも食べる。

そこでカルチャースタディーズ研究所では二〇〇三年五月から八月にかけて、首都圏に住む若者八三名を中心に、歩き食べの実態を調査した。

年齢は十五歳から二十九歳、内訳は十五〜十九歳が三七人、二十〜二十四歳が四一人、二十五〜二十九歳が五人。男女比はほぼ半々である。

まず歩き食べの頻度。今回の調査では歩き食べを、「電車やバスの中」「街中」「街中で歩きながら」の三つに分類した。

結果、電車やバスの中での飲食は、毎日が1・2%、週に二、三回が7・2%、週に一回程

表5　歩き食べの頻度

	電車やバスの中で	街中で座って	街中で歩きながら
毎日	1.2%	2.4%	3.6%
週に2、3回	7.2%	6.0%	24.1%
週に1回程度	13.3%	19.3%	24.1%
月に2、3回	3.6%	3.6%	4.8%
月に1回程度	9.6%	16.9%	20.5%
ほとんどしない	18.1%	20.5%	14.5%
しない	43.4%	24.1%	6.0%
そのほか	3.6%	7.2%	2.4%

資料：カルチャースタディーズ研究所、2003

度が最も多く13・3％、月に二、三回が3・6％、月に一回程度が9・6％、ほとんどしないが18・1％、しないが43・3％であった（表5）。

街中での飲食は、週に一回程度が19・3％に増えるため、週に一回以上が合計で27・7％と三割近くになる。ほとんどしない人は20・5％であり、月に一回程度が16・9％に増える。それに対して、しないは24・1％に大幅に減少している。

典型的な歩き食べである「街中で歩きながら」は、毎日が3・6％、週に二、三回が24・1％、週に一回程度も24・1％と非常に多く、合計すると半数以上が週に一回以上は街中で歩きながらものを食べていることになる。しないという人はわずか6・0％である。

歩き食べの理由は時間短縮とコミュニケーションの面倒臭さ

歩き食べをする理由は、「時間短縮」が77・1%、「食べる場所を探すのが面倒」が39・8%、「飲食店は高い」が27・7%、「一人で飲食店に入るのは気が引ける」が15・7%、「外で食べる方がおいしい」が8・4%、「一緒にいる人と飲食店で過ごすのが気まずい」が3・6%などとなっている。

基本的には、急いでいる、遅刻しそう、飲食店を探したり、店で注文が出るまで待ったりする時間が無駄といった意識が最も強い。「高い」という経済的理由は27・7%であり、さほど多くなかった。

「気が引ける」「気まずい」といった、飲食店に入ること自体への抵抗が、合計で24・0%いるのが興味深い。「時間短縮」も裏を返せば普通の飲食店は時間がかかるという意味を含むから、飲食店に入ることはかなり若者にとって抵抗があるということだろう。

最近の若者はファミレスやコンビニで育った世代だ。商店街の店にひとりで御免下さいと言って入って物を買った経験が少ない。ファミレスやショッピングセンターに行くときは家族連れだし、ショッピングセンターやコンビニで一人で物を買うときは店員と会話せずに黙って買

う。店員とコミュニケーションをするという経験が稀薄なのだ。だから、飲食店に入ることに抵抗があっても不思議ではない。

最近の学生、特に女子学生は大学の学食で一人で食べることも嫌うという。友達がいない人だと思われるのがイヤだからという説もあるし、仲のよい友達といつでも一緒にいたいという気持ちが強いからという説もある。授業が終わると即座に携帯電話で連絡を取って学食で待ち合わせて食事をするという。

こういう女子学生は服装まで似ており、おそろいの服を着ていたりするので、俗に「おそろ族」という。私が知人H君の大学で講義をしたときも、まったく同じ格好をした、背丈や体型まで同じ女子学生三人組がいた。

H君の話によると、あるとき三人のうち一人が遅れて教室に入ってきた。すでにあとの二人は窓際に座っている。そこで遅れてきた一人は、二人の隣に座るために、講義をしているH君と黒板の間のわずか二〇センチの隙間をすり抜けて行くという。いやはや。

話が少しそれたが、こういう限られた友達同士の中でしかコミュニケーションができない若者が、不特定多数の見知らぬ人がいる飲食店に一人で入ることができないとしても不思議ではない。

片手で口に流し込める食べ物が人気

歩き食べをするときに食べるものは何だろうか、まず飲料、お菓子以外の食品では、一位はパンで36・1％。次いでおにぎり32・5％、ファストフード14・5％、サンドイッチ7・2％、菓子パン3・6％などとなっている。パン、サンドイッチ、菓子パンはすべてパンの仲間とすると、45・8％である。いずれにしろ片手で簡単に食べられるものが好まれる。

お菓子類ではアイスクリーム12・6％、ポテトチップスやスナック菓子6％、ガム、チョコレート、クレープ各4・8％など、飲料ではジュース26・5％、お茶20・5％などとなっている。

最近の若者は袋物のお菓子も手を使わずに口に流し込んで食べるらしい。片手で袋を持って、もう一方の手でお菓子をつまんで食べると、結局両手がふさがる。これでは携帯電話が使えないから、かどうかはしらないが、とにかく袋を片手でもって口に流し込むのである。

それを見越してか、最近はスナック菓子が袋物からカップ型に変わっている。ますます片手で流し込みやすい。それどころか、カップ麵すら片手で流し込みながら食べるという！　びっくりだ。が、私が行った自動車関係の調査でも、そのような結果が出ている。運転しながらカップ麵を片手で口に流し込むのである。自転車に乗りながら物を食べたり携帯のメールを見たりする者も多い。とにかく片手でことをすますというのが若者の（というか大人も含めてだが）スタイルになりつつあるのだ。

コンビニと駅が歩き食べを助長

歩き食べで食べる物を買う場所は、コンビニが78・3％で圧倒的。次いでファストフード16・9％、自販機13・3％、キヨスク4・8％など。歩き食べを助長しているのは明らかにコンビニであることがわかる。おにぎりでもパンでもお菓子でも飲料でも黙ってお金を出せば買うことができるコンビニは、古いタイプの飲食店はもちろん、ファストフード店に比べても圧倒的に若者の食生活、食行動を規定しているのである。

歩き食べをする時間と場所はどうか。

時間で最も多いのは帰宅途中で30・1%、次いで通勤・通学時が21・7%、場所では駅のホームが12・0%、電車・バスが9・6%、コンビニの前が7・2%などとなっている。基本的には、朝食、夕食を歩きながら路上や駅、交通機関の中で取っているということになる。

最近は人口が減少しはじめているので、通勤で電車を利用する人もずっと減りつづけている。そのため、鉄道各社では減った売上げを埋めるために、駅のなかにコンビニなどの各種の店を設けたり、ホームの上におにぎり屋やジュース店を出したりするようになっている。そのため数年前までは駅や電車のなかで飲食をするのは、若者に限られていたが、今は五十代のおじさんが車内でビールを飲むようになってしまった。

広がる「常磐線スタイル」

そもそも昔からある電車の中の問題行動といえば、スポーツ新聞のソープランド情報や週刊誌のヘアヌードグラビアを見ながら、鼻くそをほじくっていたおじさんたちである。

このおじさんたちが、これまでは飲食については、おとなしくしていた。これは彼らのモラルというより、やはり世代からくる習慣の差であろう。ところが若者が電車内で飲食をするようになると、最近はおじさんたちもそれをまねするようになってしまった。

電車の中で飲食をするおじさんは、十年以上前でも特定の路線にはいた。常磐線である。常磐線の夜の列車内は、缶ビールを片手にしたおじさんで溢れていた。おじさんは片手でビールを飲み、もう一つの手で背広のポケットに忍ばせたピーナッツをつまんでは食べていた。この常磐線スタイルが今ではすべての路線に波及したのである。

電車のなかでの汁物はだめ

また、誰と歩き食べをするかを聞くと、「友達と一緒」が63・9%、「一人でもする」が62・7%と同じくらいである。そして「一緒にいる相手が誰だろうとする」という者が16・9%、「親が一緒の時でもする」が6・0%いる。たしかに、街中で、親が一緒なのに子どもが物を食べているのを見かけることは多い。子どもに注意しない親が増えているのである。

では若者には歩き食べへの抵抗感はないのかをたずねると、抵抗感が「相当ある」が7・2%、「少しある」が41・0%、「あまりない」が33・7%、「全然ない」が16・9%となっており、抵抗のある者とない者がちょうど半々である。

抵抗感が全然ないという人以外に、抵抗感の理由を聞くと、「抵抗があるが店が高いので仕方がない」という経済的理由は9・6％しかいない。「自分は歩き食べをしてしまうが、人が歩き食べをしているのを見ると時々抵抗を感じる」は21・7％、「人が歩き食べをしているのは気にならないが、自分でするのは抵抗がある」が34・9％である。また、「歩きながらはいいが、自転車に乗りながらは抵抗がある」は28・9％いた。でも、それって、抵抗というか、芸当じゃないの？

では、彼らはほかの何に対して抵抗を感じるのか。選択肢から選んでもらったところ、最も抵抗があるのは「街中でキスする・抱き合う」で32・5％、次いで「歩きたばこ」の30・1％、「電車やバスのなかでものを食べる」が22・9％となった。

逆に抵抗が少ないのは、「街中で歩きながらヘッドホンで音楽などを聴く」が80・7％、「歩きながら携帯電話を使う」が63・9％、「街中で座って食べる」が36・1％などとなっている。

また、状況によっても歩き食べへの抵抗感は変化する。そこで、抵抗感のある状況を聞くと、「固形の物はよいが、電車やバスで汁物を食べるのはだめ」が75・9％、「電車やバスのなかでにおいのきついものはだめ」が72・3％、「電車やバスのなかで大きい音のする物はだめ」が60・2％となっている。

しかし「電車やバスのなかでにおいのきついものでも大丈夫」「電車やバスのなかで大きい音のする物でも大丈夫」はそれぞれ7・2％、「電車やバスのなかで汁物でも大丈夫」は8・

4%いた。これは、自分自身がそういう食べ方を頻繁にしている者の回答だろう。

九割が中学生までに「初体験」を済ます

そもそも彼らは歩き食べをいつから始めたのだろうか。

まず「電車のなかで」は十三～十五歳が最も多く27・7%、九～十二歳が12・0%、六～八歳が7・2%などとなっている。「街中で座って食べる」は、やはり十三～十五歳が37・3%、九～十二歳が13・3%、六～八歳が12・0%。そして「街中で歩きながら」食べるは、十三～十五歳が39・8%、九～十二歳が21・7%、六～八歳が13・3%などとなっている。しかも五歳以下も10・8%いる。つまり中学生時点で九割が歩き食べを経験済みになるのだ。

五歳以下での歩き食べは、ファストフード店の近くとか、ショッピングセンターのなかで親が買い与えた物を食べたということだろうから、若者になってからの歩き食べとは少し意味が違いそうだが、どうもこの結果を見ると、彼らのなかでは子ども時代の歩き食べも、いま現在している歩き食べも同じことらしい。

また、この質問への回答は、「無回答」「わからない」が多かったが、それはいつから歩き食べをしているか覚えていない者が多いからにちがいない。バギーに乗せられていたときも何かを食べていたし、二、三歳になったときもマクドナルドの近くやショッピングセンターのなかでいつも何かを食べていたということだろう。

いつのまにか本能的に歩き食べをしていた

最初に歩き食べをしたのはどういうきっかけかをたずねた質問でも、「自然にいつの間にか」が88・0％で最も多い。「他人がしているのを見て」は7・2％しかいないし、「時間がないので仕方なく」も2・4％だけだ。

つまり何かはっきりとした理由があって歩き食べを始めたのではなく、子どものころからの習慣で、自然にいつの間にか、ふと気がつくと歩きながらものを食べていたというのが、どうやら実態なのである。

本当であれば、小さな子どもの時には許された歩き食べも、成長と共にしつけがされて、だんだんしなくなるはずだ。それがまた中学、高校生になると、育ち盛りで腹が減るとか、部活のあとに腹が減るといった理由でまた食べ出す。昔だと、飲食店に入って食べなければならなかったが、彼らはファストフードとコンビニに囲まれて育ってきたので、ごく自然にそこで食べ物を買って、食べながら歩き出したのである。

また、現在の若者は、小学生時代から夜も塾に通ったという者が多い。そのため、塾の行き帰りにコンビニに立ち寄る機会が増えたことが、街中での歩き食べをさらに助長したとも考えられる。

一日三食、歩き食べ

最後に、彼らの食生活について聞いてみた。

まず毎日の食事については、「三食食べるが不規則」が39・8％で最も多い。「三食規則正しく食べる」は16・9％。56・6％は三食とっている。

他方「一日二食」という者が34・9％。「三食以上」が6・0％、「一食以下」が2・4％という結果だった。

思ったより三食食べている者が多いが、「三食食べるが不規則」と「二食」の境界は限りなく曖昧だろう。朝起きると十一時、朝食と昼食が一緒というパターンが多いに違いない。これは私の学生時代も同じである。それにしても「二食」が多いように感じられるが、現代の若者としてはごく普通の結果であろう。

しかし、いつ歩き食べをするかでは、「昼食と夕食の間」、つまりおやつ的にという回答が41・0％で最も多い。これはまあ理解しやすい。だが「昼食として」も19・3％、「朝食として」も18・1％おり、なかには「夕食として」も4・8％いる。「一日三食」とはいっても、かなりが歩きながらの食事なのである。

食べることが面倒くさい＝35％

また「食べることが面倒だと思うか」という質問もしてみた。これは、あるとき読んだ新聞記事で、某生活研究所の研究員が、高校の教師への取材から、最近の高校生は食べることを面倒だと思う傾向があるというコメントをしていたのを読んだからである。

結果、食べることを面倒だと「ほとんど思わない」が40・0％、「まれに思う」が22・9％、

「時々思う」が26・5％、「よく思う」が8・4％だった。「時々」と「よく」を合わせると、35％が食べることを面倒だと思うという結果である。

一人暮らしをしていて、食事を作ることが面倒だというのならわかるが、食べるのが面倒だというのは、どういう感覚なのか、すこし不可解だ。

が、しかし、たしかに現代は、食べることを面倒だと思わせる生活になっているとも言える。なぜなら、食事の多くが選択的消費行動になっているからだ。昔なら、腹が減った、何を食べようというときに、そのへんにあるものを適当に食べるしかなかった。あるいは定食屋か学食かラーメン屋かなにかに入って適当に注文するしかなかった。

ところが、現代の食生活は、あまりに豊かになったために、和食か中華かイタめしか牛丼かマクドナルドかをいちいち選ばなければならなくなった。カフェに入っても、どのコーヒーにするか紅茶にするか、サイズは何か、砂糖を入れるか入れないか等々を、すべて選択しなければならなくなった。

たかが空腹を満たすのに、頭の中で多数の選択肢を想定して判断しなければならなくなったのである。こういう豊かすぎる食生活の状況が、もしかすると逆に食べることを面倒だと思わせているのではないかという気がするのである。

調査概要

調査時期　二〇〇三年五〜八月
対象者数　81名
性　　別　男性40名、女性42名、無回答1
職　　業　大学生・短大生36名、高校生21名、専門学校生10名、アルバイト6名、OL3名、サラリーマン3名、主婦1名、その他・無回答3名
居 住 地　東京二三区33名、三多摩8名、横浜市12名、その他の神奈川県11名、埼玉県10名、千葉県4名、その他5名
調査担当者　余語亮

7 カフェミュージック世代

世代の十五年周期説

私は昭和の世代を十五歳刻みで定義している。

- 昭和ヒトケタ世代（一九三三年生まれ前後）
- 団塊世代（一九四八年生まれ前後）
- 新人類世代（一九六三年生まれ前後）
- 真性団塊ジュニア世代（一九七八年生まれ前後）
- 新人類ジュニア世代（一九九三年生まれ前後）

がそれである（真性団塊ジュニア世代の詳細は第一章参照）。

統計数理研究所で戦後ずっと日本人の国民性を研究されていた故・林知己夫氏は、晩年の著書で、戦後日本社会が十五年周期で変化してきたことを指摘しておられる（林知己夫『日本人の国民性研究』南窓社）。国民性の変化は社会の変化によるものであり、またそれに伴って新しい世代が台頭するのだと言える。

この十五年周期世代論を音楽に当てはめると、それぞれの世代が二十歳のころに、大きな音楽的ムーブメントがあったことがわかる。

昭和ヒトケタ世代が二十歳の頃、一九五三年からテレビ放送が開始され、紅白歌合戦が大晦日にテレビ放送されるようになった。五五年には石原裕次郎がデビュー。テレビや映画を通じて歌謡曲のスターが活躍する時代になった。

団塊世代が二十歳の頃は、いうまでもなくフォーク、ビートルズ、ＧＳ（グループ・サウンズ）である。

新人類世代が二十歳の頃は、ニューミュージック。ユーミンとサザンオールスターズが二大人気アーチストになった。また、テクノ、ＮＷ（ニューウェーブ）、インディーズ、パンクなどの新しい音楽も増えた。

真性団塊ジュニアが二十歳の頃はＪポップ全盛期だ。小室哲哉の大ヒット、安室奈美恵、ＳＰＥＥＤ、宇多田ヒカル、浜崎あゆみが勢力を競い合った。また、Ｒ＆Ｂ、ヒップホップ、カフェミュージック、ボサノバ、ラウンジなども人気を拡大した。

真性団塊ジュニア世代の特徴

　では、現代の若者である真性団塊ジュニア世代の特徴とは何だろうか。ここでは音楽と関わりそうな点についていくつか指摘してみよう。

①「ジャパン・アズ・ナンバーワン」世代

　まず、真性団塊ジュニア世代は、日本の中流社会が完成してから生まれた世代である。日本の中流社会化は、高度経済成長が始まった一九五五年頃から始まる。内閣府「国民生活に関する世論調査」によれば、五八年には、自分の所属する階層が「中の下」あるいは「下」と考える者が合わせて49％いた。

　それが七三年になると「中の中」だけで61％になる。国民の半数が自分を貧しい下層の人間だと思っていた社会が、たった十五年間で六割の人が中流だと思える社会になったのだ。

　新人類世代はその十五年間のまっただ中で生まれた。だから彼らは上昇志向が強く、もっと良い、豊かな生活を求める。音楽は欧米志向が強く、「ベストヒットＵＳＡ」のような番組が好まれ、邦楽でも、ユーミンのように上昇志向が強く、リッチで欧米的なライフスタイルを感

じさせる音楽が好まれた。

ところが真性団塊ジュニア世代は、中流化がピークに達した一九七三年以降に生まれた。彼らにとって中流は目指すべき対象ではなく、すでにある状態でしかない。だからユーミンは急速に人気が衰えた。「ジャパン・アズ・ナンバーワン」といわれた時代に育ったので、欧米志向は弱まり、ビルボードへの関心もなくなり、ワールドミュージックなど多様な音楽の要素を融合し日本的にアレンジした音楽の隆盛をもたらしたのである。

②「系」の世代

あらかじめ中流階級である彼らは、とりあえずみんな一緒にしておこうという形での同調性が高い。だから、これを知らないと仲間はずれだと思うと、みんな同じ物を買う。みんなで行くカラオケからメガヒットが生まれたのはそのためだ。

だが、他人と違いたいという差別化の欲求も当然だれもが持っている。

そこで彼らは、限られた、より親密な友人とだけ理解しあえる世界も持っておこうとする。

しかしその世界はひとつではなく複数である。価値観が多様化し、多様な物が溢れている社会に育った彼らは、同時に複数の異なる価値、趣味を支持するようになった。

こうした傾向の変化を、私は「派→族→系」という図式で考えている。一九七〇年代までは、音楽の種類が少なく、特定の音楽に対して全面的に帰依《きえ》する傾向が強かったので、たとえばビートルズ派かストーンズ派かとか、ツェッペリン派かパープル派かという二項対立で考えがちだった。

それが七〇年代から八〇年代になると、音楽の種類も増え、かつフュージョンのように、それぞれの音楽の境界を超える新しい音楽もどんどん出てきた。よって、二項対立的な考え方は無意味化し、若者はより小さなジャンルの中で「族」を形成するようになった。音楽でいえばテクノ族が代表的であろう。

これが九〇年代になると、族がさらに分化し、多様化する。しかし多様化しすぎれば同調欲求が満たせない。そこで、派や族ほどきついしばりのない、もっとゆるやかなつながりが求められるようになる。それが「系」だ。「渋谷系」の時代が来たのだ。多様化したたくさんのジ

ャンルの音楽を、ある一定のセンスでゆるやかにつなぎあわせる時代が来たのである。
だから系の時代にはセンスが非常に重要になる。だが、誰にでもすぐれたセンスがあるわけではない。だれかに音楽を選んでもらい、おすすめして欲しいというニーズが生まれる。
そこですぐれたセンスの持ち主としてＤＪのような存在が重視されるようになる。コンピレーションアルバムもまた、異なるジャンルの音楽を一定のセンスでゆるやかにつなぎ合わせることで、新しい音楽の聴き方を提案する、まさに「系」の時代の音楽だと言える。

③マイルーム世代

生まれたときから中流だった真性団塊ジュニア世代は、子どもの時から自分専用の個室を与えられた世代であった。真性団塊ジュニア世代向けの雑誌では最近、お部屋改造特集が定番企画だが、これは彼らにとってはマイルームがあるのは当たり前で、それをいかに自分らしい部屋にすることが重要になったということを示している。

だから、自分が好きな家具を買い、自分が好きな音楽を流し、自分が好きな絵を飾る、あるいはもっと過激な人は、部屋や家電にペンキを塗ったりもする。自分にとって最適な空間を作るのが当たり前の世代なのだ。

さらに、彼らは部屋の外に出ても、自分の気持ち良いと思う空間を持ち歩こうとする。これを私は「携帯空間願望」と呼ぶ。自分が気持ちがいいと思える空間をいつでもどこでも携帯したいのだ。

ウォークマンなどの携帯音楽機器とコンビニが携帯空間願望の実現をますます可能にする。腹が減ったら二十四時間いつでも食べ物が手にはいる。音楽も二十四時間いつでも聴ける。喫茶店に入らなくても、街に座り込めば、そこが自分の快適な部屋になる。そう感じる若者が増えたのだ。

そしてこの携帯空間願望こそが、最近のカフェブーム、およびカフェミュージックブームの根底にある価値観だと言える。自分にとって心地よい空間を、いつでもどこでも実現したいのである。

④レア感世代

真性団塊ジュニア世代は、生まれたときから、溢れかえる物に囲まれて育ってきた。だからあまり物を欲しがらない。

いや、そんなことはないだろう、ブランド物をたくさん買っているじゃないかという人もいるだろう。が、欲しい物がほかにないからブランド物くらいしか買わないとも言えるのである。いつでも物が溢れている状況しか知らないので、急いで物を買うということがない。いつでも買えると思っているから、いつまでも買わない、という状況があるのだ。

こうした若者に物を買わせるには、意図的に飢餓感を演出しなくてはならない。そのためには、レア感の演出が不可欠になる。限定品とか、なかなか良い出物だとか、稀少感を感じさせないと物欲が刺激されないのだ。裏原宿などのショップが人気なのも、この限定品戦略のためであることはよく知られている。

音楽も、ヒットチャートに乗っている曲だけでなく、聴いたことのない珍しい曲を聴きたいという気持ちが高まる。だからこそ、そういう音楽を専門家が集めて、部屋のなかで気軽に心地よく聴けるカフェミュージックが人気になるのだろう。

インタビュー
橋本 徹
アプレミディ代表

気持ち良いカフェで気持ち良い音楽を…、そう思う普通の感覚に僕の好きな音楽がフィットしただけ。

三浦 橋本さんは以前からサバービアという言葉を会社の名前にしたり、フリーペーパーの名前にしたりしていますが、そもそもなぜサバービアなんですか？

橋本 サバービアっていうと、アメリカのイメージがあるかもしれないですけど、僕のイメージの中では、あくまで東京を基準にしています。僕は生まれも育ちも駒沢（世田谷区）で、一九六六年生まれなんだけど、学生時代に、僕と同じくらいの世代で、音楽が好きで、映画やデザインが好きで、ま、洋服とか、雑貨的なものとか、ライフスタイルにまつわるいろんなものが好きで、という人たちのイメージが、私鉄の東急とか小田急とか京王とかの沿線に住んでいる人たちだったわけですよ。なんかそれって東京の郊外（サバービア）なのかなってのがあったんです。

それと、九〇年に初めてフリーペーパーをつくったんですけど、そのときたまたまトッド・テイラーという人がプロデュースしたコンパクト・オーガニゼーションというレーベルのザ・サウンド・バリアっていうコンボが頭に浮かんだんですよ。彼らが八五年に出したイージーリスニングのアルバムのタイトルが「ザ・サバービア・スイート」っていって。なるほど「郊外の組曲」か、そういう感性でいいかなって思って、フリーペーパーのタイトルに使ってみたんです。

そのアルバムは今でいうラウンジの先駆けって感じで、当時はものすごく新鮮だったんですよ。僕は、大きな意味でのムード音楽の捉え直しというか再評価、ジャズもボサノバもラテンも、ロックやソウルでさえも、音楽を聴いているときの気分、シチュエーションということに即して紹介するということをすごく意識していたので、そういう意味でもサバービア・スイートという名前は悪くないかなと思ったんです。

それがなんか、だんだん話題を呼ぶにつれて、そういう音楽がサバービア系と呼ばれるようになり、じゃあ、勤めていた出版社を辞めて九三年に自分の会社を作ったときも、もうこりゃ有限会社サバービア・ファクトリーでいいかと(笑)。

それで思い出したけど、ドナルド・フェイゲンの「ザ・ナイトフライ」というアルバムに彼が「このアルバムの歌は、一九五〇年代末から六〇年代初頭に、アメリカ北東部の、都心から少し離れた郊外で育った若者によって抱かれたであろう、ある種のファンタジーを表現したものだ」って書いているんです。その言葉は僕の心にとてもフィットしましたね。それは「ある種の」としか言いようのない、言葉にはできないけれども、何か感じあえるシンパシーやリスペクトなんだと思う。それは今度の本（「サバービア・スイート」の集大成ヴィジュアル・ブック）を見てもらうとわかると思います。

そういうセンスは、八〇年代後半から九〇年代前半にかけて東京に育った若者ならわかる感覚なのかな、なんて勝手に考えていて。言い換えると、山の手感覚なのかなとも思っていて、七〇年代にはっぴいえんどとかが持っていた感覚ともつながるものだと思いますね。

三浦　橋本さんがプロデュースしたり監修したアルバムはすでに一二〇枚を越えていて、その人気はひたひたと広がって一般に受け入れられてきています。いったい橋本さんのアルバムを買う人は何を求めているんだと思いますか。その「ある種」の感覚を共有する人が増えたんでしょうか。

橋本 十年前と比べると、そういう感覚を持つ人は絶対増えていると思う。それはカフェをやる中で実感することでもありますね。十年前なら、もっと限られた人を相手にした空間にならざるをえなかったのが、今はより幅広い層に受け入れられるわけじゃないですか。みんな普通にいい音楽が聴きたいと思っているし、いいインテリアに囲まれて暮らしたいと思っているし、おいしい食事をしながら友達としゃべっているのが楽しいと思っているわけでしょ。そういうように、自分の好きなものや感じが一般化していく感覚はすごくありますね。

三浦 今の若い人では、音楽に期待する価値が違ってきていると思いますか?

橋本 やっぱりすごく消費的ですよね。スタンスがすごく軽くなっている。アーチストとの個人的に密な関係をつくるよりも、自分の環境を彩ってくれたり、自分と他者とのコミュニケーションを助けたりという機能を求めているんでしょうね。

三浦　それはコンピレーションアルバムというもの自体が促進している傾向ですよね。

橋本　そうかもしれません。つまり聴き手主導ということだと思いますけど。あらゆる分野でそれが起きてますよね。音楽だって洋服だって同じことで、セレクトショップ的なものがここまで時代を動かすようになってきたということが象徴的ですけど。もうセレクトショップかメガショップしかなくなってきちゃったじゃないですか。量が多いとか安いという価値を追求するか、セレクションに価値を見いだすかのどちらかで、その中間が難しい時代になった。

コンピレーションアルバムはセレクトのほうなわけですが、これが支持される理由というのは、一つは他者といい雰囲気を共有するため、もう一つは、音楽の好きな人たちが自分の好奇心を広げていくきっかけにするためでしょう。

だから、僕がコンピレーションをやることで、それまではマニアックだとか、こんなの普通の人は知らないよなんて言われていたものが聴かれるようになることはすごくうれしい。それに、フリーペーパーを出していた頃は、そこで紹介するアルバムなんて普通には手に入りづらいものだったんですよ。それが十年たつと、そういうのはほとんどが聴けるようになった。革命的なことですよね。まして、ネットが出てきたらもっとそうなりますよね。

三浦 自分で自分のコンピレーションが作れる時代になっちゃった。

橋本 そうです。以前ならフリーペーパーでやっていたことが、今ならホームページがその役割を果たしているわけですけど、自分の好きなものとか、自分の価値観をパーソナルなメディアで表現する人がすごく増えましたよね。みんながインタラクティブに情報をやりとりして、そういうパーソナルな情報のほうが、マスメディアの情報よりも信頼できるという感覚も出てきた。

八〇年代まではロックジャーナリズムが全盛で、アーチストのカリスマ性とかが重要視されていたじゃないですか。ところが九〇年代、リスナー主導になって、リスナーにとってフレンドリーなもののほうが主流になってきましたよね。

聴くほうは、普通のＯＬでもいろんないい音楽を聴けるし、もっと聴きたいと思っているんですね。だから逆に音楽業界に対しては、そのへんを勝手に自己制御して、可能性を閉ざして欲しくないという気持ちがすごくありますね。

橋本徹 サバービア・ファクトリー主宰。編集者、選曲家、ＤＪ、店舗プロデューサー。一九九〇年末に「サバービア・スイート」を自主創刊。「フリー・ソウル」シリーズを始め選曲を手掛けたコンピＣＤは一三〇枚を越え世界一。九六年から九九年まではタワーレコード発行のフリーマガジン「bounce」の編集長。九九年秋に渋谷・公園通りに「カフェ・アプレミディ」、二〇〇二年にはダイニングサロン「アプレミディ・グラン・クリュ」、複合型セレクトショップ「アプレミディ・セレソン」をオープン。有線チャンネル「usen for Café Après-midi」や多くのインテリアショップの音楽も制作。

第三部 若者・情報・家族・消費

⑧ 私をほしいと言ってくれるものがほしい。
——若者とブランド

「ほしいものが、ほしいわ。」

これは一九八〇年代末の西武百貨店の広告である。

ほしい物がほしい気持ちはある。しかし何がほしいか、自分でもわからない。そんな時代の消費者の気持ちを見事にとらえたコピーだ。

コピーライターは糸井重里。糸井が西武のために書いたコピーというと、「おいしい生活」のほうが有名だが、私はこの「ほしいものが、ほしいわ。」のほうがはるかにすぐれていると思う。

ほしい物がわからなければ買わなければいいのだが、消費社会に生きる我々は、ほしい物を見つけた瞬間のときめきやどきどきを忘れられない。そのときめきやどきどきを求めて、消費する。

だが、何が自分をどきどきさせるか、自分は何がほしいか、自分でもわからない。だから、「ほしいものが、ほしいわ。」なのだ。

しかし、今、そのコピー以後、バブルの絶頂期を経て、人々の意識も変わっているように見える。

バブルが崩壊したとか、不況が長引いていると言っても、ブランドの売り上げはますます増えているし、中学生でも高級ブランドを身につけていることは珍しくない。しかも、東京の渋谷や青山の中学生だけでなく、日本中の中学生がそうだ。田圃の真ん中にあるショッピングセンターで一万円以上のジーンズを中学生がどんどん買っていく。テレビも一人一台ある。地方に行けば車も一人一台ある。

不景気のおかげでむしろ物の値段が下がり、人々はもう捨てるほど物を持っている。だから『「捨てる！」技術』（宝島社）が売れる。

インターネットのオークションでは、ありとあらゆる種類の無数の商品が個人間で売り買いされている。物について言えば、すでに我々の「豊かさ」は極限的とも言える状態に達している。

マクドナルドの五九円バーガーは高校生たちの早食い競争のために使われる。街にはファストフードやコンビニのおにぎりの包装紙やカップラーメンの容器が散らかっている。飢えなど想像もつかない過剰な豊かさがあるのなら、人は食べることを、より高度な文化として高めていっても良さそうなものだが、むしろ現実は、安いジャンクフードでその場しのぎの食欲を満たしては、食べ散らかすという行動が増えていくばかり。それはまるで食の荒野だ。

こうした過剰な豊かさのなかでは、かつてのように欠乏を充足することが満足感にはつながらない。便利な機能を付加した新商品も消費者にさほどときめきを与えない。

ではなぜブランドを買うのか。

ブランドくらいしか欲しい物がないからだともいえる。物質的な過剰さのなかで、あえて欲しいと思える物はブランドくらいしかないのだ。

換言すれば、車でも家電でも衣料品でも簡単に買えすぎるのだ。ボーナス一回で買えない物はあまりない。昔のように四十八ヶ月ローンを組むほど高価な物はないし、四十八ヶ月間欲しいと思い続けられる物もない。

買う甲斐がないのだ。買うために金を貯める、そのために毎日節約する、あるいはバイトをする、それほど努力するに値する物がブランドのほかにはあまりない。

ブランドは空虚さを埋めるためにあるという説もある。

消費者はいま、何を買っても満たされることのない心の空洞を持っている。その空洞は消費によっては埋められない。

しかしあえて消費によって埋めるとすれば、ブランドになる。ブランドの美しさ、神話性、物神性……そうしたものが空洞を埋める。

だがもちろんそれもうたかただ。ブランドですら本当は空洞を埋められない。


おそらく、今、人がほしいものは、私をほしいと言ってくれるもの、だ。

消費は人間のさまざまな欲求、欲望を満たしてくれる。

きれいになりたい。

やせたい。

もてたい。

見せびらかしたい。

自慢したい。

人と違いたい。

すごいねと言われたい。

お金持ちだなあと感心されたい。
うらやましがられたい。

しかし、消費ではどうしても満たされない欲求がある。
それは、感謝されたいという気持ち。
あなたがいてくれて良かった、ありがとう、助かった、という自分の存在の肯定感。
こればかりは消費では満たされない。

一〇〇〇万円のダイヤモンドを買っても、誰からも感謝されない。
もちろんお店の人は平身低頭、心からありがとうございますと言うだろう。
でもそれは客としての自分に言う言葉だ。
自分の存在に感謝しているのではない。

一〇〇〇万円のダイヤモンドは周りの人々を羨ましがらせるだろう。
妬む人もいるだろう。
でもだれも感謝はしない。

買った人の存在を承認はしない。
それは消費では得られないのだ。
自分の存在の肯定。

だからこそ、ほしいものは、私をほしいと言ってくれるもの、なのだ。
私がいてくれて良かったと言ってくれるもの。
それは、できれば愛する誰か。
彼氏、彼女、あるいは子ども、肉親。
それが無理なら、ペット。
それもだめなら、人形かアイボ。
それすらだめなら、キャラクター。
たれパンダを見て、彼が私を欲してくれると思う。
そうすることで私も癒される。
そんな関係。

本来ブランドを買うことには、自分が所属する階層よりも上に昇った気持ちにさせるという効果がある。かつてブランドを買った人は、この効果を求めて買う人がほとんどだった。

そして、単にブランドを持つだけでなく、ライフスタイル全体をより高い階層のそれをモデルにして変えていこうとした。

ウエッジウッドのカップで、フォートナム・アンド・メイソンの紅茶を飲めば、即席ブルジョワジーの出来上がり、というわけである。

しかし最近のブランドの買われ方は、こうした階層上昇を求める心理をあまり感じさせない。シャネルを持っていると世田谷のお嬢様に見えるかも、という期待を今の女子高生は持っていない。

中年女性にも、もちろん男性にも、誰にもない。

だから銀座のエルメスの前の歩道に座り込んで並ぶことができる。

そこでは高級ブランドも、ただの物として買われる。

そこには人生に対する大きな物語がない、とも言える。

だからかえって物語を持ったブランドが必要になる、という逆説。

言い換えれば、階層固定化という現状がブランド志向をますます激しくするのだ。
階層は職業、学歴、収入などの要素によって規定される。
そして若者は自分自身の中身によってではなく親のそれらによって規定される。
それらが彼等の将来を違う方向に動かしてしまう。
でもブランドさえ買えば、こう言うことができる。
「持ってる物は同じじゃん！」

9『週刊自分自身』――若者と新聞

写真がないと注目されない

私は今朝も、読売新聞の取材を受けてきたばかりで、先週は毎日新聞の取材を受け、先々週はたしか朝日新聞に原稿を書かせていただいたのですが、自分でどんなに素晴らしい記事を書いたと思っても、顔写真が載っていないと、だれも読んでいないですね。私の周りの人から、「あ、三浦さん、この前出てたね」と言われるのは、顔写真が出ている時なのです。写真がありますと、けっこう小さなコラムのような記事でも見る方が多いのですが、わりと大きな記事で、自分でもいい原稿を書いたつもりでも、顔写真が載っていないと、「見たよ」と言われることが全くありません。

新聞というのは、「忙しいから記事はなかなか読まないけれど、見出しぐらいはチェックする」などと申しますが、最近は、実は見出しもあまり見ていないのではないかと疑わしく思っています。

私のおつき合いする方は、それなりの会社のそれなりの方です。調査部とかマーケティングとか、大学の先生もおられますから、いまの読者の平均からいいますと、毎日ちゃんと新聞は読んでいる方のはずなのですが、そういう方であっても、見出しだけチェックというところまでもいかず、知っている人の顔写真が出ていてやっと目に入るというような状況かと思うのです。

ですから、若者が新聞を読まないと言いますが、実は若者以外も読んでいない。読んでいるとしても習慣で見ているだけであって、中身はそんなに読んでいないという気もするのです。ついでに言いますと、私が以前出した本は平成九年度の『厚生白書』にかなりたくさん引用されているんです。その白書は少子化問題を本格的に扱ったもので、相当話題になりました。それが契機で、私は内閣府の少子化問題会議の委員もしたんです。

でもこの前、私にシンポジウムのパネリストを頼んできた内閣府の役人も、そのシンポジウムで中心になっていた某大学の最近マスコミによく出てくる教授も、どうもその白書を読んでいないようでした。私のことを全然知らなかったですから。役人なんだから白書くらい読めよ、いくら専門外だからって少子化問題の白書くらい読めよって思いますけど、まあ、流し読みしただけかもしれませんね。

だから、当然これを読んでいるはずだという人だって、忙しいし、時間がないし、そんなにしっかり読んでいないわけです。新聞だってどれくらい読んでいるか怪しいもんです。

ゴミになるから新聞を取らない

話がそれましたが、たしかに若者は新聞を読みませんね。これは、読んでいるかどうか怪しい、じゃなくて、ほんとに疑いなく読んでいません。

私がアルバイトで使っている学生も新聞を取っていません。何で取らないんだと言うと、ゴミが出ると言う。一ヶ月ためたら相当かさばりますから、あれがどうも嫌なようです。ゴミとは失礼ですよね。

最近の若者は、電車のなかで物を食べたり化粧をしたり、歩きながら食べたりします。私は、その実態の調査をしました（第六章参照）。

その結果を見ますと、多くの若者が「忙しいから仕方がなく食べてしまうんだ」と答えています。

そういう彼らが、感覚的にどうもこれは嫌だと思うのは何かと聞きますと、電車で新聞を読むことなのです。「あんな満員電車のなかで新聞を広げて読んでいるなんて信じられない」と言うわけです。

電車のなかで化粧をしたり物を食べたりしている人間、これはわれわれ以上の世代から見れば、何ともはしたない、迷惑だと思うのですが、逆に彼らから見ると、食べるのは仕方がない、新聞読むのは邪魔くさいと思っているようです。かくのごとく世代の価値観の差は大きいのです。

一九五五年体制と新聞

前置きはこれくらいにして本論に入ります。まず、「二〇〇五年体制」というお話です。今日は新聞協会の講演ですから、説明するまでもないことですが、五五年体制というのは、いまの自由民主党が、本来自由党と民主党だったのが、保守合同をして自由民主党になったというのが一九五五年で、以後、政治学の世界でこの自民党の一党体制を「五五年体制」と呼ぶわけです。この五五年体制は経済面で言えば、高度経済成長期に当たり、私の専門である消費やマーケティングの世界で言えば、大衆消費社会がどんどん拡大していく時代であったわけです。

さて自民党の一党体制という意味では、九三年の細川護熙内閣で五五年体制は終わったわけですが、経済的な意味や社会的な意味を考えますと、それ以後も五五年体制は続いてきたかと思います。

だが、いよいよそれが本当に本格的に終わりそうだ。五五年から五〇年たって二〇〇五年から全く新しい時代になっていくと言えるのではないか。そう考えて私がつくった言葉が「二〇〇五年体制」です。

五五年体制は、自民党の政権下で、高度経済成長、アメリカ型の大衆消費社会を目指す時代でありました。言い換えると、稼いだ富を一部の資本家階級、支配階級だけが独占するのではなくて、中流社会をつくって幅広い中流階級に分配していく。こういう富の平等な分配の社会、中流化を目指した社会であるということもできるわけです。こういう中流化の流れのなかで新聞も売れてきたと思うのです。

五五年体制は、もちろんみんな頑張って働いたから経済が成長した時代でしたが、そもそも人口が増える時代でもありました。また世帯も増える時代であり、かつその世帯が都市に集中した。そこで団地に住む、冷蔵庫を買う、洗濯機も買う、新聞も取るという形で、新しいライフスタイルの中に新聞というものが組み込まれていったのではないかと考えるわけです。

中流化が終わった

ところが、これからの社会は、もっとどんどん生活を豊かにしていく必要がないわけだし、その力も弱い。国民の間にも、もちろん不景気は脱して欲しいかもしれませんが、どんどんまだほしいものがある、買いたいものがあると言って経済成長を求める時代ではなくて、非常に成熟化の時代になっていますし、飢餓と貧困から抜け出すために物質的な生活水準を向上していきたいということではなく、いまある豊かさを維持していけばいい、それよりも来たりくる高齢社会や、いろいろなことに対して不安感がありますので、何とか安心感を保障したいという価値観が強まっている時代かと思われます。

これは内閣府の「国民生活選好度調査」などを見ても明らかで、九〇年代以降の変化を見ますと、雇用、治安、プライバシー、子育てなどについて、いまある生活を守りたい、あるいは将来が不安だという意識が強まっているわけです。それと並行して、みんなが貧乏で、みんなで中流になろうという時代ではなくて、もうあらかじめみんな中流ですから、これからは収入の増加とか所得格差の是正とか持家対策とかはもうあまり求めなくなっていて、むしろ多少の階層化は仕方がないという価値観も出てきています。いまの社会がまだまだ平等ではなく、いろいろな面で格差というものがあると認識している人は増えているのですが、他方で、その格差をなくすことが政策的な課題であるべきだという人も減っているのです。

つまり、格差が広がっているのは実感していますが、それを一生懸命政治が縮めようとする必要はあまり感じていないという傾向が出ている。ある程度差が広がるのは仕方がないと、こんなにみんな平等なんだから、多少いまより広がっても仕方ないという価値観が出ている。

そういう中では、みんなが中流であることを目指すことにあまり価値はなくて、むしろ自分にとって最適な生活、最適な消費、暮らし、そういうものを求めます。ＵＦＪ総研の森永卓郎さんではないですが、「年収三〇〇万円時代を楽しく生き抜く」みたいな価値観もあるわけです。

これまではみんなで平均して一千万円を目指すということが良しとされた時代だったわけですが、私は三〇〇万円でも自分にふさわしい暮らしができるならそれでいいと思うわけです。もちろん三千万円が私にとって最適だという人はそれを目指してください、ベンチャー企業に投資でもしてどんどん創業者利得でもうけてくださいと、上のほうに差が広がる分に関しては下の人はあまり文句は言いません。私も一緒に上に行こうとは思いません。いまの暮らしでもいいです、ということではないかと思われます。

五五年体制は人口の増加期、二〇〇五年体制は減少期

人口を見ても皆さんご存じのとおり、二〇〇六年をピークとして日本の人口は減り始めます。かつて、みんなが頑張って一生懸命働いたから経済が伸びたのは間違いないのですが、そもそもマーケットの基本は人口ですから、人口が伸びたぶん下駄をはいていた。

一九〇〇年から一九五〇年にかけて日本の人口は四〇〇〇万人増えました。それから二〇〇〇年までの五〇年でまた四〇〇〇万人増えて、現在一億二七〇〇万人ぐらいです。

これがまた五〇年たちますと一億人、しかし大体この人口問題研究所の調査は低位推計が当たるという経験則がございますので、それで見ますと九二〇〇万人。

つまり、簡単にいうと、五〇年かけて四〇〇〇万人増えたのが、また五〇年かけて四〇〇〇万人近く減るわけです。これは新聞の購読にも大変大きな影響を及ぼすだろうと思います。

新聞といいますと、人口というより世帯が単位になると思うのですが、五五年以降の世帯数を家族類型別に見ますと、夫婦と子どもからなるいわゆる標準世帯が増えた。

標準世帯は五五年には七五〇〇万世帯しかありませんでした。これが八〇年には一五〇〇万世帯に倍増しています。

標準世帯というのは、新聞購読という意味でも一番大きな意味を持った世帯だと思います。ところがこの標準世帯は、九〇年をピークに今後じわじわと減ってきて、二〇二〇年になりますと一三〇〇万世帯を切るということになります。

逆に伸びますのは、片親と子どもの世帯で、じわじわと増えております。これは離婚が増えて片親家庭が増えるという面もありますが、実際増えるのは高齢のパラサイトです。つまり、四〇歳の未婚の息子と七〇歳の母親のような世帯が増えるのです。

それから高齢夫婦のみの世帯がどんどん増え、高齢の単独世帯がどんどん増えます。すでに新聞を取っていた標準世帯が夫婦のみ世帯になり、そして単独世帯に変わるわけですから、新聞の購読料は増えません。また、二紙取っていた家は一紙に減る可能性が高い。

新聞の部数が増えるための分母になるのは、若い単独世帯と若い夫婦のみの世帯と若い標準世帯です。これが増えると新聞の購読数が増える可能性がある。

しかし、いまパラサイトシングルといわれているように、若い単独世帯はあまり増えない状況にあります。第二次ベビーブーム世代が結婚して世帯をつくっていますが、彼らはあまり新聞を取らないようです。本当はこの世代にしっかり新聞を取ってもらわないと、後は若い人の人口も減るので、新しい顧客開拓のチャンス自体が永遠に減り続けることになるわけです。

中流家庭の消費財としての新聞

このようなことから、新聞は大変な時代に差しかかっているわけですが、これは新聞だけではなく、家電も住宅も自動車も、この大問題にぶち当たります。最近の若い人は車に関心がないと言って自動車会社の人は困っております。住宅メーカーの人は、最近の若い人は持ち家志向が弱いと言って困っています。賃貸でいいと言う人が多いのです。そもそも結婚して子どもをつくってくれればいいけれど、それもしてくれないということで、困っています。結婚して子どももつくらない、家も持たないとなれば家電製品もなかなか買ってくれないので、家電メーカーも困っています。まさに五五年体制を担ってきた自動車、家電、住宅という日本の基幹産業が、みんな時代の変化の中で困っているわけです。

考えてみると、新聞もまた、家電、自動車、住宅と同じように、五五年体制とともに拡販してきた「商品」であり、したがって、二〇〇五年体制においては大変厳しい時代を迎えるということは当然です。

新聞は単なる商品と違って、いろいろな思想とか考えを載せる商品ですね。どんな情報を載せてきたかというと、まさに政治学的な五五年体制と直結するわけですが、朝日新聞だったらちょっと左っぽいとか、産経新聞だったら右だとかいうようなことが昔は言われたわけで、そういう論争があったからこそ読まれてきたという面もあると思うのです。自分はどちらの立場に立つかということとも関係していた。平和志向で憲法は守りたい、あまり軍国主義とか経済一辺倒はごめんだよという人は朝日新聞を読むとか、やはり、アメリカと組んで資本主義体制を強めていこうという人は産経新聞を読むとか、こういう体制論争の中で新聞が買われていきました。そして日本経済新聞は日本株式会社の社内報ですから、これを読んでおかないと会議もできないということで読まれた。

しかし、よりマーケティング的に新聞を一つの消費財としてとらえるならば、新聞もまた五五年体制で国民が目指した中流家庭というもののなかで一つのライフスタイルの必須アイテムになったという見方もできます。

たとえば大正時代に卓袱台《ちゃぶだい》というものが普及して、「家族」というものが非常に喧伝されました。大正モダニズムの中で、モダンな家族生活というものが日本人の新しいモデルになっていくわけです。

ファッションならモボとかモガとか、銀ブラとか、三越で買物をして帝国劇場に行くというのが消費の面でのモダンライフです。

そして同時に、卓袱台を囲んでお父さん、お母さん、子どもが朝きちんとごはんを食べて、そこでお父さんは当時ひげをはやしていて新聞を読んでいるというような、アニメのサザエさんはいまもそうですが、そういう生活のイメージが描かれたと思うのです。

そういうイメージを各新聞社が宣伝したのか、だれがイメージを流布させていったのか私は存じあげませんが、モダンな中流家庭では、一家の主は新聞を朝読むものだというイメージが広がっていったのだと思います。

しかし、戦前の中流家庭は国民の二割といわれており、まだまだ難しい字が読めない人も多かったので、やはり、新聞もそれなりの部数だったと思うのですが、戦後中流が九割になるという時代のなかで、洗濯機もマイカーも必要だしマイホームもステレオも必要だが、新聞も必要であるというふうにおそらく国民は思ったのだと思います。

当時、各新聞社が、これからの日本人は新聞を読もう、というキャンペーンを張ったかどうかは存じあげませんが、おそらく宣伝してもしなくても、何となく時代の風潮は、これから日本人は豊かな国を目指す、これから私は中流の家庭を目指す、そういうなかで電気製品も車も必要だが、できれば百科事典も買っておきたい、できれば世界文学全集も買っておきたい、できれば2DKの団地でピアノを買って娘に習わせたいというのが五五年体制という時代だったと思うわけです。

そして実は新聞も、中流家庭における必須の、消費財として位置づけられたと言えるでしょう。これが国民がこぞって新聞を購読していった理由ではないかと思うわけです。

そして新聞を読むとチラシも入ってきて、それによってまた消費が喚起されて物を買うわけです。ですから新聞自体が、この消費社会、資本主義社会の促進機能を持ったということもあるし、あるいは相撲の記事が出ているとか、野球が出ているとか、昔はプロレスの記事もあり、大衆娯楽、大衆レジャー時代を促進するということもありました。

つまり総じていえば新聞もまた他の消費財と同じように、大衆消費社会の発展にあずかって力あったと思うわけです。ですからまさに新聞は非常に五五年体制型のメディアであるといえるでしょう。

新聞はコンビニで選ぶ

だからこそ新聞は、五五年体制の人間、われわれの世代までにとっては水道料金と一緒で、中流家庭の義務であって、固定費なのです。

しかしおそらくいまの若者にとってはお菓子などと同じ変動費です。取っても取らなくてもいいものをあえて取るなら、果たして毎月四千円を払っていいものかどうかを意識します。それならADSLに払ったほうがいいじゃないかということになるわけです。

必要な情報は携帯電話やインターネットで入ります。そういう情報収集の場合、自分の知らないことをふと目にするという情報接触がなくなるという危険がありますが、まあ、その問題もインターネットが進歩すると、解決するでしょう。

先日も、食事をしておりましたら、たまたま隣の席に三十代前半くらいの女性がいて、話を聞いていると、「もう私は新聞はコンビニでしか買わないの」と言うわけです。定期購読せずにコンビニで買うということです。見出しによって、その日の事件によって買うのでしょう。経済的に大きな事件があれば日経新聞を買ったり、政治的に大きな事件なら朝日新聞を買うとか、野球のニュースの時は読売新聞を買うとか、何もなければ買わないとか、詳しいことはわかりませんが、どうもそういう買い方をしているようです。毎日その人の関心事の重点が違うのだから、当然こういう買い方になるということかなと思いました。まあ、買ってくれるだけでもありがたいですよね。

新聞の定期購読というスタイルもかなり日本的なものだそうですし、家電製品の系列店と同じで、非常に五五年体制的なスタイルともいえます。

でもいま、街の電気屋さんで電気製品を買うことは少なくなって、普通は大型の電器店に行くようになりました。とすると、新聞もずっと同じ店から同じ物を買うこともなくなると考えたほうがいいわけです。でも新聞の場合は大型店がないですから、それはインターネットが代

替していると も言えます。インターネットなら、どんな新聞や通信社の情報もただで手に入りますから。

浅く広い消費

それから、いまの時代の消費の仕方は浅く広いものになっています。そのことも、新聞をとるという行為を減らすことになっている。

本もそうです。たとえば村上龍の最近出た小説を読んで、面白かったとしましょう。われわれ世代の感覚だと、村上龍の代表作と言われている『コインロッカー・ベイビーズ』を読んでみよう、あるいはデビュー作の『限りなく透明に近いブルー』を読んでみよう。それも面白かったとなったら、全部読んでみようと言って文庫本でそろえました。こういう買い方をするのが、大体われわれわれの年齢までだと思うのです。

ところがいまの若者はあまりそういう買い方をしません。「村上龍面白かった、はい、おしまい」なのです。次はまた違うものを読んでしまいます。あるいは次の日は本は読まずにCDを買う、あるいは次の日はCDを買わずにラーメン屋に行きます。ラーメンもCDも本も新聞も、全部全く均等に平等に、文化だから偉いとか新聞だから偉いとか思わずに、全く均等な一つのコモディティとしてパラレルに併存していて、その時々の関心でいいと呼ばれるものを買います。いまこれが売れているよというもの、あるいはこの友達と話を合わせるために買うという形です。

がんばらない世代は新聞を読まない

それから、いまの三十歳以下は脱近代志向です。そもそも近代化という時代を知りません。近代化のなかにあるさまざまな価値、つまり西欧化する、欧米に追いつき追い越せとか、豊かになる、もっと進歩する、未来を築いていく、そういうさまざまな近代的な諸価値が通用しなくなっている世代であるということが言えます。

新聞を読むということも、大正モダニズムの話を先ほどしましたが、おそらくモダンであること、あるいは近代的であることと一致していたはずです。そして戦後においては中流であることとも一致していました。それがいまの若者には全然わからないわけです。

みんな豊かですから、非常に現状維持志向が強いのです。不況だなんだと言われてもほとんど上昇志向はありません。だから「新聞を読むと上昇できるよ」と言っても、買いません。

新聞社の方はやはり「新聞を読んで幅広く知識をつけてくれないと困るじゃないか」と、

「社会人たる者、新聞ぐらい読んでおかないと」とおっしゃるが、これは一種の上昇志向的な考えかたです。

でもそういう上昇志向がいまの若者にはありません。だから上昇するために新聞が必要だと言われても、「じゃ要りません」ということになってしまいます。

逆にいまの若者はのんびり志向であり、いまある自分らしさというものを肯定したいという気持ちが強い。だからあまり人からどう思われるかには関心がありません。人からどう思われるかに関心がないんですから、公衆の面前で化粧や物を食べたりもするわけですが、人よりも優れていたいという気持ちも弱いのです。だから朝日新聞を読むと人より知的に優れているぞと思う人が減っている。日経新聞を読むとライバルに勝てる、上司に褒められるぞと思う人も減っているということでしょう。

これはもちろん若者一般の話で、大手町で働くビジネスマンの二〇代は少し違うかもしれませんが、そもそも大手町で働くような人なら、日経新聞は尻を叩かなくても読むわけで、もうちょっとその下のあたりで、昔なら尻を叩けば読んだ人が読まなくなっているということが悩みだと思うのです。

自分といまにしか関心がない

ＮＨＫ放送文化研究所が五年に一度やっている「日本人の意識」調査で、生活目標を「愛」「快」「利」「正」の四つに分けて聞いています。

「愛」という志向は「身近な人となごやかに暮らしたい」という価値観、「快」は「その日その日を自分の好きなように暮らす」という価値観、「利」は「しっかり計画を立てて将来を築く」という価値観、「正」は「社会のために頑張ろう」という価値観です。

それぞれの価値観の推移を見てみますと、高度成長末期の一九七三年はまだ「利」つまり「しっかり計画」が多かった。それに次いで「愛」でしたが、以後この「愛」がずっと伸びて、つまり、「身近な人となごやかに過ごしたい」という価値観が伸びて、「しっかり計画」という価値観はずっと減り、かつ若い人を中心に「快」、つまり、その日暮らしの価値観、フリーターでもプータローでもいいじゃないか、その日その日を楽しく暮らそう、という価値観が増えたわけです。

こういう価値観で見ると、おそらく新聞は、『しっかり将来を築きたい』という価値観の人が読みやすい。少なくともいまの新聞、いままでの新聞はそうだと思います。「家族や友人となごやかに暮らしたい」みたいな人は、あまり新聞を読む必要はありません。もちろん「その日暮らし」の人もあまり新聞を読まない。こういう国民の価値観の変化から見ると、新聞離れの理由がよくわかります。

『週刊自分自身』

で、若い人は、まさにこういう価値観の変化のなかで育ったわけですから、「身近な人となごやかに」とか、「その日その日を自分の好きなように」という価値観が体じゅうにしみ込んでいます。身近な人と今日のことしか考えていないわけです。別に利己主義とかそういうことではなく、そもそも自分の身の回り以外のことへの関心が非常に薄れてきてしまったのだと思います。他者とか社会に対して関心がないということです。まあ、考えてみれば、国民全員が社会に関心を持たなければいけない社会のほうが異常ともいえるのですが、しかしあまりに自分のことだけというのもやはり困ります。

たとえば、若者が携帯のメールで何をそんなに通信しているのかというと、ほとんどは友達とメールの交換をしているわけです。つまり、その携帯メールのなかで行われているのは、自分専用の週刊誌をつくっているようなものだということで、私は携帯メールで交わされている情報を『週刊自分自身』と名づけてみました。

つまり、もう電車の中吊り広告の『週刊女性自身』も見ないわけです。タレントのだれが何したということすら関心がない。さっき別れたばかりの友達とメールして、今何しているのとか、知り合いの太郎と花子が別れたとか、くっついたとか、そんなことばかりやり取りしているわけです。それは自分だけの週刊誌をつくっているようなものなわけです。だから『週刊自分自身』であると思ったわけです。

真ん中が売れない時代

今、海外の高級ブランドが売れているのに、一〇〇円ショップの商品も売れる時代です。それから、車の毎月の売り上げを見ていると面白いですね。一〇〇万円から一五〇万円ぐらいのコンパクトカーが毎月一万台くらい売れる。でも、セルシオが新発売されるとやはり月に六〇〇〇台ぐらい売れます。クラウンなんて最初の一ヶ月だけで二万台も売れる。

ところがコロナとかブルーバードのような車は一〇〇〇台しか売れません。高い高級車と安いコンパクトカーは六〇〇〇台とか一万台売れるのに、一番コストパフォーマンスがよさそうなコロナとかブルーバードは一〇〇〇台くらいしか売れない。そういう変な時代になっています。ものすごく良い商品と日用品に分化しているのです。

実は、この真ん中のものを売ってきたのが五五年体制です。中流になるためのもの、中流が買いやすいもの、ある意味で日本中の課長さん、部長さんのための物をつくるのが日本のメーカーの得意とするところでした。

ところがいま、そのちょうどいいものが売れなくなって、非常に安くて日用的なものと非常に高級なものに分化するという時代になっています。

もちろんこれは、セルシオが買える人とユニクロしか買えない人に階層が分化している面もあるでしょう。しかし、同時に同じものを買っている人がたくさんいるということも確かでして、マツキヨで買う人もいれば伊勢丹で五万円のクリームを買う人もいるのではなくて、同じ人が両方買うこともあるのです。

月四万円か、無料か

そういう意味では新聞も、課長、部長向けの商品であると言える。だから、ものすごい情報金持ちといいますか、月に四万円出してもいいから、もっとすごい情報はないのかという人にとっては全然食い足りない。他方、月四〇〇〇円で、もっと面白い、使い捨てられる新聞はないのかとか、もっとコンパクトで場所を取らない新聞はないのかという人がいる。こういうふうに国民の意識が分化しているのではないかという仮説が成り立つと思います。

中流であるために、中間的な情報を大量に国民全体に何百万も提供するという情報が果たしていま求められているのでしょうか。それを読んだところで、「あなたは中流ですね」と言ってもらえるわけでもなく、言ってもらったところで、「当たり前じゃないか、そんなこと」と言うものでしかないものを月四〇〇〇円出して買う時代であるかどうか。四万円出しても、もっとすごい情報はないのかというニーズと、四〇〇〇円でいいから使い捨てられる情報はないのかというニーズに分化しているのではないでしょうか。

その四〇〇〇円の人はテレビでニュースを観るでしょう。ただで面白おかしく政治から経済から家事や料理の情報まで、いまのニュース番組は、民放の場合、バラエティ化していますから

何でもかんでもごった煮でただで提供してくれます。一〇〇円ショップ型情報、ユニクロ型情報でいい、どうせ使い捨てじゃないかという人は、民放テレビに流れる。また、リクルートのニュース雑誌『R25』は街でただで配っているわけです。ただですからすぐになくなりますね。『R25』というのは二十五歳を狙った雑誌ですが、まさにその世代にとっては『R25』で必要十分なのでしょう。若い人向けで五〇万部くらい配っているらしいので、全世代なら三〇〇万部くらいに相当するんじゃないでしょうか。毎日新聞といい勝負ですね。

他方、四万円でもいい、一〇万円でもいいからもっと本当のことが知りたいという人は、もっと別のメディアを買うでしょうし、そのための情報消費支出は惜しまない。そして日常的にはインターネットで海外のニュースのページを見るでしょう。こんなふうに情報への態度がかなり分化しているのではないかと思うのです。

「社会消費」「オタク消費」「おすすめ消費」

消費にはいろいろな意味があります。単に物が気に入って買うということもありますが、社会とか他者からの評価を意識して買うことがある。

たとえば、先ほども言いましたように、課長になったからとか、部長になったからとかといった、社会的な地位の上昇に合わせて消費している面がある。

ところがいま現在の消費の状況を考えると、消費をしても評価してもらえない状況があるように思います。昔は、カローラからコロナに買い換えれば、「あなたは出世したんですね、偉いですね、うらやましいですね」と言ってもらえた。ところがいまは、「あなた、それ好きなんですね」で終わってしまいます。

そういうなかで人びとがどういうことに関心を持ち始めているかというと、一つは、じゃあもっと社会的意味を強めてやろうという志向です。NPOとかボランティアもそうですが、消費でもトヨタのプリウスのように環境にいい商品を買うのがそうです。そういうふうにはっきりと社会にとって意味のある消費をしたいという志向が強まる面があります。これを「社会消費」と呼びましょう。

もう一つは、反対に、社会性は一切無視して個人性だけをもっと強める消費、これもやはり、増えてきていると思うのです。それを買っても、ほんとうに「ああ、それが好きなんだ」としか言いようのないものを買うのです。「でも、僕が好きなんだからそれでいいじゃん」という志向、いわば「オタク消費」です。こういう傾向も強まっています。いい年をしてガンダムのＤＶＤやプラモデルをたくさん買うとか、タイムスリップグリコとかがそうです。

もう一つは、どちらも弱い。個人性も弱いし社会に対する意味もないというものです。要するに、いまこれが売れている、あなたにはこれが一番だといった具合にすすめられるがままに買うタイプの消費も、ある面では増えている気がします。これは「おすすめ消費」です。これはロードサイドのショッピングセンターや大型ディスカウント店などでの消費が典型でしょうし、通信販売、テレホンショッピングなどもそうです。

ここで重要なのは、これらの消費のどれもが、インターネットによって促進されるということです。とくに「オタク消費」と「おすすめ消費」はそうでしょう。

そして、新聞が、より多くの人に、最大公約数的な情報を提供するという中流化時代のメディアである限り、なかなかこうした潮流にはついていけないということになるのではないかと思うのですが、いかがでしょうか。

⑩マイホームレス・チャイルド——若者と家族

〈聞き手〉上間陽子（琉球大学教育学部講師）
西本勝美（都留文科大学文学部教授）

「真性団塊ジュニア世代」と消費社会

上間　三浦さんはこの本（『マイホームレス・チャイルド』クラブハウス）のなかで、人口動態分析の手法で「真性団塊ジュニア世代」を定義されているわけですが、まず最初に、どうしてそういう方法を採られたのかということと、その時に背後にあった仮説というか、その辺りについてお聞きしたいんですが。

それと、じつは私はぎりぎり団塊ジュニアに引っかかっている世代なんですが、消費が成長していく時の要になっているというか、もう当たり前の前提になっているというふうな私自身の感覚からすると、たとえば五十代で、いまの子どもがわからないっておっしゃっている方とのジェネレーション・ギャップがあるなと思っているんです。ですので、家族のなかで、消費というのがどういうふうに位置づけられているのかという辺りをお聞きしたいんですが。

三浦　そもそも団塊ジュニアと呼ばれている世代を、以前は第二次ベビーブーム世代と呼んでいたんですが、誰かが団塊ジュニアと言い始めてそれが定着するようになってしまった途端に、団塊世代の子どもだってことになったわけですね。

団塊ジュニアを定性的に分析しようとする人はきっと、団塊世代は新しい若者だったから彼らが育てた子どもたちももっと新しい若者になるだろうみたいな分析をするわけですから、本当に親が団塊世代でないと意味がないわけです。

でも、第二次ベビーブーム世代は団塊世代の子どもじゃなくて、団塊世代の子どもはもっと年齢が下ですよ、だからそもそも議論の前提が噛み合っていないじゃないかというところを、僕は指摘したわけです（第一章参照）。

次に、二番目の家族と消費の関係ですけど、今日の社会をある局面から見た時に、それが消費社会であるというのは紛れもない事実なわけで、経済、企業、産業を考えるときに消費という視点が必要なのは当たり前だけど、政治や家族や教育を考えたりするときでも、消費との相互関係を考えなければならないと思うんですね。もちろんそれだけではいけないんだけど、それがあまりにも教育論や家族論や地域社会論や政治論には欠けている。

『「家族」と「幸福」の戦後史』に書いたように、消費社会はきわめて政治的につくられてきたものだし、他方、郊外の中流家族を考えないと、無党派層って理解できないでしょう。無党派層と郊外中流家族はかなり一致していますから。一九八八年に消費税が導入されて参院選で社会党が大勝利したことがありましたけど、あの時社会党を支持していた地域というのは郊外だったし、埼玉県はスポーツ平和党への投票率が異様に高かったんです。投票行動自体もイベント化しているというか、その時々の怒りとか面白さで投票するようになってきているでしょう。そういう現象も、消費社会によって規定されていると思うんですよね。

教育についても、消費社会がいかに子どもに影響しているかを考えずに子どもを理解するなんてことは不可能だし、犯罪や非行でも、何か問題が起きると学校は何してんの、親は何してんのっていう話になるけど、そんなこと言ったって、社会がこういう消費社会なんだから、どんなに素晴らしい親と学校をもってしても子どもはこうなるんだ、というところを議論しないといけない。

それは物事をすべて社会のせいにするということではない。誰もが共通して影響されている消費社会の影響というものをもっとしっかり見据えなければならないということです。その影響度が昔といまとではぜんぜん違うんだから、それを考えなきゃ議論がむしろフェアじゃないってことです。当たり前のことを言っているだけだと僕は思っているんだけど。

団塊世代の親子関係

西本　三浦さんが定義された団塊ジュニア世代は、今年（二〇〇二年対談当時）の時点ではほぼ二十代ということになるんですよね。大学三、四年生ぐらいから三十歳ぐらいまで。そして、この世代の消費行動にとりわけ着目をされているわけですが、まずはその家族関係の特徴というようなことについて、改めてご解説いただけますか。

三浦　まず団塊世代についてなんですが、じつは団塊世代が先行する世代に対してどれだけ新しかったのかはまだ誰もちゃんと検証していないと思っているんですね。いろんな意識調査を見ても、団塊世代から急にグラフのカーブが上がっていくとか、下がっていくとか、団塊世代だけ特に高いとか低いとかいうことはあまりないです。

でも団塊世代は三歳刻みで見ると前の世代より人口が五割増えましたからね。つまり、まさに量が質に転化する世代であって、あまりに量が多いために質が変わったように見えてしまうんですね。

たとえば、「男女は家庭で協力すべきか」という質問項目がＮＨＫの放送文化研究所の調査にありますね。団塊世代のイメージから言うと、イエスという回答が激増しそうですが、実際にデータを見ていくと、きれいに直線を描いているわけです。つまり団塊世代が39%で、その前の世代は36%だし、前の前の世代は34%、後の世代は41%で、非常にスムーズな直線を描いている。

ところが団塊世代は人口が急増するので、36%から39%に増えただけでも、実数はすごく増えるんですね。絶対量として増える。これは政治行動でも何でもそうだと思いますよ。

団塊世代の本質は量です。僕はそういうものだと思っています。なので、その子どもだから特に何が変わるかという論理も、本当はもっと確かめなくてはいけないとは思っているんです。が、まあ、とにかく数として多いがゆえに社会にたいして世の中変わったぞって思わせる力、社会にインパクトを与える力がすごいのはたしかである。量の多さは侮れないってことです。

友達夫婦と友達親子

で、子どもとの関係でというと、友達親子、友達夫婦と言われるのが団塊ですが、たしかに恋愛結婚の比率というのは団塊世代からやや急に増えていると言えます。だから、友達夫婦が実数としてすごく増えたということはたしかだと言える。

そして、真性団塊ジュニアがそういう友達夫婦の子どもだとすると、夫婦関係が上下関係ではなくて友達的な関係だから、親子関係も必然的に上下的ではなくてより平行的な関係になるということは考えられますね。絶対数で言えば甘い親から育った子どもの数が増えるのは間違いないでしょう。

それから、二つ目は、これはかなり定性的な言い方ですが、団塊世代同士の夫婦の家には音楽が流れている。僕が教えた信州大学の学生で、「あなた」とか「結婚しようよ」とか空で歌える子がいた。どうしてだって言うと、だって家でずっと流れていたからって言うんです。

ビートルズというよりはやっぱりフォークソングですね、南こうせつとか吉田拓郎とか。一九七三年ぐらいの、親がちょうど結婚した頃。ほんとにずっと子守唄のように聞いている。だから、やっぱり音楽を通じてその音楽が表すようなフレンドリーな世界というものが中心にあると思いますね。戦争がないのがいいねという価値観、平和がいいねとか、カジュアルな感じとか、気取らない、さり気ないシンプルなものがいいとかね。洗いざらしのジーンズにTシャツみたいな。

やっぱり平等ということでしょうね。そしてマイホーム主義、私生活主義です。政治的に言えば戦後の個人主義、平等主義、民主主義みたいなものを反映した夫婦として友達夫婦というのがあって、夫婦で役割分担はあるけれど関係は平等。たしかに「私作る人、僕食べる人」なんだけど平等。威張ったりしない。お互いを尊重するというところがあったんだろうなという気はしますね。

これが同じ団塊世代の女性でも、夫が五歳年上だと家で全然音楽が流れていない。特に大企業の人ほどそうです。団塊世代より上の男はもっと抑圧的だし、会社のことだけ考えている。家庭の温かい匂いがないみたいですね。

さらにいまの四十代だと親子でサザンオールスターズを聴いてますよね。だから、団塊世代が若い時によく言われた世代の断絶がますますなくなっている。だから子どもは、カジュアルで、ほわっとした子になるのは当たり前ですよね。

だけど、逆に言うと節度がなくて、ため口たたくし（信州大学の子ももちろん私にため口でした）、敬語が使えないわけです。

おそらく友達夫婦を見て育つと、敬語は覚えない。昔は、妻は夫に敬語を使ったでしょう。だから敬語を覚える。電話も妻が取った。だから電話の取り次ぎ方も覚える。いまはそれがないでしょ。しかも家族それぞれ携帯電話だから、電話の取り次ぎ方を覚えない。そんな子が会社に入ってくるんだから、会社も大変ですよ。

「マイホーム」の再生産

上間　三浦さんは、家族関係について、「ホームレス主義」というか、「マイホームレス主義」って考えたほうがいいのかな……そんなことを強調していらっしゃると思うんですね。それから、子どもが家族のなかで「うちの子」として、「お坊ちゃま、お嬢ちゃま」という形で、一つのシンボリックな消費の形で育てられた、そういうニューファミリーで育てられたことの息苦しさみたいなものについても目配りされていると思うんですが。

三浦　ホームレスという言葉に込めた意味は自分でも整理しきれていないんですけど、まず、若者の行動様式がまるでホームレスみたいだってことが最初にありますね。それから郊外の故郷喪失性という点がある。もちろんいわゆる家庭の崩壊という意味もある。しかし、いろんな調査を見ると、親子関係はどんどん仲が良くなっていますね。博報堂の調査でも、経年的に見て「私は親と仲が良い」と言う人が増えています。それを見るとホームレス主義どころか、マイホーム主義の完成というか、マイホーム主義で育った人がちゃんとホームを再生産するような動きがあるなと思うんですね。もちろん崩壊した家庭の子どもがそんなアンケートに答えるわけないんで、どれくらい信頼できるかはわかりませんが。

でも、若い人にインタビューしても、女子大生とかに聞くと大体は結婚したいと言いますよね。キャリアウーマンなんて誰も志向していないじゃないかって思うくらいですが、そういう人に、じゃあ結婚して家庭作ったら何するのと聞くと、「RV車買ってキャンプしたい」って言うんです（笑）。

男の子でもそう言いますね。コンビニの前に座って物食っているような奴らが、「やっぱり家族にとってキャンプは基本っすよ」とか言うわけ。面白いよねえ。それくらい、まさに広告化された家族のイメージがあって、実際に実践もされてきたものが再生産されようとしている。

崩壊した家族だから仲が良い

他方、言っていることはそうなんだけど、やっていることはどうなんだという問題がある。つまり、携帯電話を持っているから夜の十二時まで帰ってこなくても親が文句を言わなくなった、だから仲が良くなったと答えているのかもしれない。仲が良いといっても、みんなで揃ってご飯を食べているわけじゃない。揃って食べていても、食べるものは家族一人ひとり違うという家はたくさんある。だから魚民、和民みたいな店がはやるわけでしょ（注：魚民や和民は居酒屋だが、禁煙、自然食品の使用など、子ども連れの家族でも来やすい店づくりをしており、メニューも極めて豊富なため、幼児から中高年まで幅広い客層に対応できる）。

そういう意味で、昔の基準で言えば仲が良くなってはいなくて、単にバラバラになっていて、崩壊した家族関係みたいなものが日常化しているとも言える。相互に干渉し合わない関係、他人のような家族関係になっていて、それはそれで面倒くさくなくていいから、「うちの親子は仲が良い」と回答用紙にマルを付けている可能性もある。だから何を根拠にその仲の良さが回答されているかを考えないといけない。

それからもう一つは、さきほどのマイホーム主義を再生産しようとして失敗した事例としての息苦しさですが、これもインタビューするとよくそういう事例があります。親が良い家族を拡大再生産しようとしたけど、私はイヤだと子どもが言い出した事例です。それが田口ランディの読者、あるいは飯島愛の読者だということです。

だからマイホーム主義の再生産の成功例と失敗例があり、その中間にどっちかよくわかんないけど、少し崩壊した家族関係だからこそ仲が良いみたいに考える現実的な人々と、三つあるんじゃないでしょうか。

これらのなかでマイホーム主義の再生産の成功例はホームレス主義ではないので、残りの二つの家族を「ホームレス」という言葉に込めていると言えるでしょう。つまり家自体がホームレス化しているわけですよね。変な話ですが。

上間　家自体がホームレス化しているということについてもう少し。

三浦　消費社会のなかでの消費の単位としての家族というものをどんどん突き詰めていった結果、いまや生活時間や生活空間が個人化してバラバラになってきているわけですね。食べるものも食べる時間も違う、寝るところが同じ屋根の下というぐらいなものですが、それすら怪しい家庭もある。

そういうふうに、いっさい共同性がないわけだから、それがホームかというと、まあ「レス」だろうと。でも、それでも仲が良いということはありうるらしい。だってお互いがお互いの生活を尊重したらそうなっちゃうじゃない。尊重っていうか、無関心になったら。

実際、そういうふうに育ったから、道で食べながら歩いているんでしょ。あれを見てると、家のなかで歩きながら食べていたんだろうなと思いますよ。家のなかできちんと食べてて、外出したら突然食べながら歩くということにはならないんじゃないかなあ。どうだろう。まず先に、家庭内ホームレス化があって、その人たちが育って、街に出てきたんじゃないですか。

欲望を十五秒以内に充足したい

西本　そういう家庭内ホームレス化の状況と、若者の消費行動とがどういうふうにつながるのか、そのあたりの関係についてお聞かせいただきたいのですが。

三浦　家庭に、停泊地というか係留地というか、そういう重みは薄れていると思いますね。いまは、家庭っていうのは、欲しいものが手に入りやすいという場所なんでしょう。眠いとか、腹が減ったとか、そういう欲求を満たすのに便利な場所ということです。

だから逆に言えば、みんなそういう家庭の機能を持ち歩きたいわけです、いつでもどこでも。まさに「携帯空間」です（注：「携帯空間」はトヨタの自動車ファンカーゴのCMコンセプトで、三浦が団塊ジュニア以降の若者の価値観をうまく捉えたものと評価している）。

だから、若者の消費行動に特徴があるとすれば、やっぱり欲望の即時充足欲求ですね。いつでもどこでも充足したい。ユビキタス充足社会。そうじゃないと我慢できない。駅でパンを買っても家に帰って食べるんじゃなくて、すぐ食べちゃう。

ある人は「十五分消費」って言ってますが、つまり買ってから消費するまでに十五分しかない。十五分以上待てないってことです。若者の場合は十五秒でしょう。CMの影響かもしれません。

彼らはモラルを破っている意識はあまりないから、単に即時充足したいというのが勝っちゃうだけでしょうね。それはやっぱり、家族と一緒に食べた経験が少ないからそうしたことになるんじゃないですか。昔は家族が全員揃うまで待ったでしょ。

そういう社会の中で、コンビニが母親代わりになっている。いまはスーパーも食品売り場は二十四時間やっていたりするし。

だから僕は「コンビニマザー」って言ってるんです。家の外にいても、コンビニに入れば食べ物はある。いつでもどこでも面倒を見てくれるお母さんがいるのと一緒である。二十四時間だし、下手すると、お母さんより便利だ。食べ物も選べるし。「ありがとうございました」って言うしね（笑）。母親以上だ。

でも、そうなると、何でも欲しいと思ったら必ず手に入る、いますぐ手に入ると思ってしまう。だから手に入らない時にキレやすくなる。当たり前です。だいたい人間、腹減ったら機嫌悪いんだから。

要するに、いまの若者はそういう消費しかない生活のなかで育っているわけですよ。お父さんは遠くで働いているから生産とか労働が見えない。スーパーに行ったってレジぐらいの仕事しか見えないし、全部ピッピッピだし。いわゆる生身の、リアリティのある労働が、特に郊外の住宅地だと見えませんよね。

そんなふうに消費しか見ないで育ってきてしまっていて、だから消費者としては一流なんですよ。中学生ぐらいで超一流。この前、栃木県の鹿沼市に行って十九歳の土建業に勤めているあんちゃんの話を聞いたんだけど、「三浦さん、いいジーンズはいてますね」って言うわけですよ。エビスジーンズって言って、二万六千円のジーンズで、リーバイスほど出回ってないんですね。それが、彼が言うには「僕ら中学生の時、みんなでエビスジーンズ買って、ナイキのエアマックス買ってた」って言うんですよ。もう、がっくりしちゃってさ。こういうのって、昔は渋谷あたりの高校生が言ってたんだけど、いまは日本中どこでもそうなんだよね。

いじめ世代とメガヒット

西本　少し話がずれるかもしれませんが、この本のなかでメガヒットが生まれる仕組みというのを書いておられて、それは自我に中心が複数あって、だから一つに決められないんじゃなくてほんとにたくさんの興味があるんだというお話ですよね。若者の消費行動の理解に関わって、そのあたりも少しお話しいただけますか。

三浦　一つはいじめ問題があると思います。とりあえずまわりに同調しておく、目立ちすぎないというのが身に付いている。最近の新入社員は朝会社に来ると、同じ部署の先輩や上司にあいさつする前にメールで同期の人間全員に「おはよう」って送信するらしいですよ。仕事で問題が起きても先輩に相談しないで同期に相談するんだそうです。

それから会議では発言しない。自分の意見がみんなに知られるのがイヤらしい。あとから上司が彼をひとりだけ呼ぶと意見を言うんだそうです。叱るときもみんなの前で叱ってはダメで、ひとりだけ呼んでこっそり叱られないといけないらしい。

これは兄弟が少ないとか、地域でいろんな年齢の子どもが一緒に遊んだことがないことの影響だとも言われてますよね。とりあえずみんなと同じものを聴いておく。だからいま、ファッションなんて大体みんな同じ格好でしょ。人から見えるところは同じにしておくんですよ。いまはインテリアブームなんだけど、あれは人に見えないところで個性を出せるからいいんだっていう説もある。

それとインターネット。「人と同じじゃイヤだよ」という部分を吐き出すのは……。で、なぜか、そういう子は自分のホームページの背景を真っ黒にするんだな（笑）。佐世保の小学生もそうでしたよね。

だから、彼らは多重人格であることが常識になっちゃってて、人と同じ自分と、人と違う自分、二つ、三つの顔を持つなんてのが当たり前になっているらしい。

昔は仲の良い数人の仲間とわかり合える部分があればそれだけでよかったんだけど、今は、とりあえずみんな一緒だよねという部分も持っていないといけない。そして、あとは純粋に個人の部分を隠し持つ。

それで、みんなと同じでいたいという同調性の部分にアピールすると、ＣＤなんかだったらバーッと売れちゃう。みんなユニクロを買う。ユニクロ所有率は団塊ジュニアの83％ですからね（日経産業消費研究所『団塊ジュニアと団塊世代調査』参照）。

あと、いま買うものがいっぱいあるんですね。だから新しいゲームが出れば買ってみたいし、新しいCDが出れば買ってみたいし。そうやって買うものがいっぱいあるとどうなるかというと、一番いいのだけを買うことになるんですね。自分が買う対象となる新製品がCDからスニーカーからTシャツからゲームから山のようにあるでしょ。それを予算が限られたなかで買うとなれば、ひとつひとつの分野を深められなくなるわけですよ。そうすると一番いい上のほうだけ、ベスト一〇だけ買うというふうになっちゃう。それもメガヒットの要因。

ゲットする感覚

西本　三浦さんは、若者の消費行動の特徴として、「ゲット」するという感覚とか、「所有」というよりは「関与」を求めているという視点を示されているんですけれども、いまのお話の続きで、もう少し膨らませていただけませんか。

三浦　いまは高校生ぐらいで物を捨てるほど持っていますから、物を買ってうれしいという感覚がおそらく昔より弱くなっているんじゃないかと思うんですね。

だから、買ってすぐ捨てるみたいな消費のサイクルになっている。音楽は完全にそうなってますけど。そういう意味では買ってうれしいというよりは、使わなきゃ意味がないし、使い終わったら捨てていくというか。

いまは中古ＣＤ屋も新譜ほど高く買ってくれますよね。そういう仕組みができていることもあるけど、一つの物あたりの消費時間を縮めて、消費する数を上げていくみたいになっている。そうじゃないと、欲しいと思ったものを消費しきれない状況にある。逆に言うと、企業から見れば、そういうふうにサイクルを早めて消費してもらわないと売上げが伸びないし。

で、結果として「蓄積」とか「収集」という観念がなくなったと思うんですね。いま欲しくないものをとっておいてもしょうがないから、いま欲しいものをその都度すぐに消費して終わる。いらなくなったものを蓄積する喜びよりは、新しいものをゲットする喜びのほうが勝っている。ゲットした瞬間が一番ピークで、あっという間に限界効用が逓減《ていげん》する。だから、ゲットしたという情報だけでもいいんだよね。ほんとは買わなくてもいいぐらいで、そのうち「見つけたよ」で消費が終わるみたいなことになるかもしれない。

それで、自己関与ですが、その前に自己最適化ということを言わなくちゃいけないんだけど、いまの若者に限らずですけど、自分にとって最適なもの、あるいは人を選びたいという気持ちが強い。

結婚もそうなんですね。みんな結婚したいっていうのに、なぜしないかっていうと、自分にとって最適な相手が見つからないからでしょ。だから単に三高じゃダメで、やっぱり見た時のフィーリングとかが自分に合ってないといけないし、いくら親がこんな人がいいよって言ったってダメなんですよね。

確かに客観的に見たら、いい人ってそれなりにいると思うんですよ。だけど、結局それは一般的な最適性、一般解であって、自分にとっての最適性ではない。でも、そんなこと言ったら、まず結婚できないよね。

で、そういう自分に最適なものってのは、ただ買うだけではなかなか見つけられないわけで、だったら自分で作っちゃうという方向にいく人もいる。

そういう意味では古着っていうのは面白くて、ゲット欲求と自己最適欲求と両方満たせるんですよね。世界に一点しかないでしょ。同じ物を着ている人と会う可能性はまずない。自分にとって最適であって、かつ唯一でかつ、どうせ五〇〇円だし、まあちょっとくらいやぶけててもいいしね。自分でもっと破いてもいいんで。そうすることで自己関与欲求も満足できる。古着がいま何でこんなに人気があるのかというと、そういう三重のメリットがあるんですよね。

自己関与と開放的コミュニティ

自己関与とか自己最適化というのは、教育でも何でも使える言葉だと思っているんですね。自分にとって最適な学校に行きたいとか、自分にとって最適な学習方法で学びたいとか、そういう欲求がどんどん増えているわけですよね。この学校じゃ合わないから、自分にとって最適なフリースクールを探し求めるとか。

親のほうでも、一般的に良いと言われている学校や教え方よりも、この子にとって最適な学校や教え方がないのかなと思うような親が増えてくるわけですよね。でも現実にはないから、じゃあコミュニティスクール作ろうかとか教育特区みたいな動きが最近急に盛り上がっているわけです。教育なんて義務だから、これまではまったく与えられるがままに従っていたのに、従わなくなっている。

上間　一種の消費的なスタイルと同列に教育も位置づけられていくということですね。

三浦　消費の世界では、こんなにたくさんの物があって、そのなかから自分にとって最適な物を選ぶ自由があるのに、なんで教育だけないんだと。

西本　いま話されている限りだと、自己にとっての関与性という話が中心なんですけれども、たとえば親のある種の教育要求がコミュニティスクールを作ろうという話になる時には、古い言葉かもしれませんが、ある種の連帯性というか、共同性が生まれる可能性はありますよね。

三浦　あるんじゃないですか。少なくとも学校では勉強を教えてくれればそれでいいです、という親なら共同性や連帯の可能性はないですからね。それよりはある。いい悪いはともかくとして、新たな、まさにコミュニティというか。

ただその場合、あるコミュニティのスクールということじゃなくて、そのスクールを作ることと自体がコミュニティだってことですよね。そこが面白いんだと思いますけど。

コミュニティとか共同体という言葉が誤解されがちなのは、空間的な限定性と時間的な永続性という意味内容がこびりついているからで、それで考えると、ある小学校の学区内で永遠に仲良くしてみたいなことになる。

でも、そういう話ではない。そうじゃなくて、もうちょっとプロジェクト的なわけで、コミュニティスクールというプロジェクトに対して関与した人が、その関与の限りにおいて一種猛烈なコミュニケーションを必要とし、お互いに取り交わし、最終的にそこにコミュニティ的なものが生まれるということでしょ。そういうのを面白いからやってみよう、という気持ちは、けっこう普通のサラリーマン、主婦でもあるんじゃないかと思いますね。

逆に、空間的に限定されて、時間的に永続的な、閉鎖系のコミュニティは嫌なわけですよね。

特にいまの四十代ぐらいは、そういうのがすごく嫌いなわけですよ。でも開放的なコミュニティ、自分の都合で出たり入ったりできて、それでも裏切り者とか言われないコミュニティが求められているんでしょう。

新しい公共空間ができるのか

西本　いまのお話は、親の側から考えた時にすごくよくわかる話なんですけれども、いま若者自身が関与できる商品を求めていて、いま若者がフリマが好きで、フリマとか「まったり系カフェ」というものが、ある種の公共空間になるというか、人の交流が……レベルはともかくとして、新しい形での交流を求めている若者がそこに集まってくるということですよね。それで、それはいったいどういうところに落ち着いていくんだろうなと考えるんですが。それがすごく面白いことになりそうだと思えると気分がいいんですけれども、どうも私にはそうとまでは思えないところがあって。

三浦　若者全員がそこに落ち着くかというと落ち着かないでしょうね。やっぱりアメリカの社会に近づくのかな。つまり、非常に古い保守的な南部のほうの価値観もあれば、ニューヨークみたいに、個人と個人が適度に繋がり合いながら、出たり入ったりしながらみたいな関係もあり、さらに、そういうものへの反発からカルト的な宗教に行ってしまう人もいたり。そういうのが全部あるという状況。そういう状況に、やっぱり日本もこのままだったらなるのかな。新保守主義みたいのもあるし、フリマ的なコミュニティもあるっていう。

学校でも企業組織でもそうだと思うんですよ。企業のように本来共同社会ではなくて契約社会であるべきものが、日本では共同体であったわけで、それによるさまざまなストレスというのは大変なものがあるわけですよ。

日本が貧しくて豊かになるために頑張った時代は、そういう村八分的主義の農村共同体モデルの企業で良かったわけです。でもこれからは違う。企業ももっとフリマ型というかＳＯＨＯ型になるんじゃないか。

まだＳＯＨＯっていうと単なる下請けだと思っている人がいっぱいいるけれど、そうじゃなくて、会社自体がＳＯＨＯの集合体に、あるいはフリーランサー、インディペンデント・コントラクターの集合体になっていく。

つまり別に会社に忠誠心も何もないけど、自分が好きなことをみんながやると売上げが上がっちゃうという組織ですね。それが最高だと思うんですよね。いまは自分がやりたいことと企業の利益は矛盾すると思われているし、そんなことはやらせないみたいなところがありましたからね。

若者の情報格差

西本　いまフリマ型、ＳＯＨＯ型の企業のイメージを語られたんですけれども、そういう、いわば超高度に情報化した社会のあり方を考えると、やっぱり情報強者と弱者の格差が拡大するんじゃないのかという問題が気になるんですよね。子ども論をやろうとしている私たちとしては、どうも気分が良くないという感覚のなかの幾分かは、階層間格差が広がっていくんじゃないのかという、そういう種類の疑問があるということなんですが。

三浦　それは拡大しそうな気がしますね。もっと労働が肉体的な時代であったら、「あなたは頭を使っていきなさい、あなたは体を使っていきなさい」みたいな言い方ができたけど、世の中がこれだけ情報社会になって、とにかく付加価値を生み出すのが情報になってしまうと、それができない人は何もできないんですね。

たとえば土建屋さんに勤めているさっきの十九歳の彼は、そんな土建屋さんはいつか小泉構造改革で仕事なくなっちゃって、十年後に転職しなくちゃいけないとなった時に、いまのところ彼はパソコンも使えないし、家にもパソコンないし、おそらく英語も得意ではないだろうし、趣味とか娯楽の分野もあまり強くない。好きな音楽はテレサ・テンと山口百恵って言ってましたからね。職場の上司が好きな音楽をそのまま聴いているだけでなんです。だからソフト、文化も弱い。

中学生で二万六千円もするジーンズはいて、いまはグッチの財布持っているんだけど。つまり、物質的な格差は本当に埋まっているんだけど、情報格差は拡大している。

ただ、その格差が将来的に収入の著しい格差となって、生活上必要な物が買えるか買えないかくらいの差にならないと、当分一般国民にはその格差は問題視されないでしょうけどね。

インタビュー
雑貨デザイナー
34歳・女性

いまは家族をやり直したい気分です。

生まれたのは東京都文京区です。父の会社の社宅でした。父はお菓子メーカーに勤めていました。父の生まれは、立川談志師匠や長島監督と同じですから、昭和十一年生まれです。母は十五年生まれです。

一九七四年に、私が小学校に上がるとき、弟二人もいたので、千葉市にマイホームを買いました。分譲マンションです。七棟もある大規模なものです。当時としては良いマンションでした。

どの家も、お父さんは有名な会社に勤める人ばかりでした。今思うとお母さんも美人揃いで、太った人とか野暮ったい人なんていなかった。例の事件のあった大阪の池田小学校のお母さんたちって、そうですよね。あんなかんじです。

子どもたちも今思えば顔もいいし、洗練された子しかいなかった。中学校に行ってから、他の地域に住む子を知るようになって、「あ、違うんだ、うちのマンションの人って恵まれてるんだ」って初めて思った。

人口が増えている地域だから小学校の時、転校生は毎学期クラスに三人くらいいました。それで変なのが、転校してきた子どもが、クラス全員にスヌーピーとかの可愛い文房具をご挨拶として配るんです。引っ越してきたばかりなのに、どうしてそういう習慣をみんな知っていたのか、不思議ですが。

千葉より文京区の方が緑もあって小鳥もいて、よっぽど田舎でした。千葉はアスファルトの道路しかないし、緑もないし、無理矢理作られた植栽しかないし、大都市ですよね。だから田舎に引っ越したって気持ちはなかった。引っ越したばかりの頃は毎日文京区に帰りたいって言っていた。

大人になってからも、夜遊びして帰っても街灯は煌々と輝いているし、明るくて、全然さびしくない。一人暮らしを始めたとき世田谷に住んだんですが、竹藪とかあるし、道が暗くて恐かった。

千葉では小学校からずっと二十七歳まで過ごしました。二十七歳で家を追い出されたんです。

私は高校卒業後、文化服装学院(以下「文化」)に行きました。卒業後はアパレルメーカーやバッグメーカーに勤めて、今はフリーで雑貨デザイナーをしています。

働きだした頃、もう家庭が崩壊していたし、家が嫌いだったので、家を出たいと思っていたんですが、親が許さなかったんです。「だめよ、自分でお金払えるの？」って。それで私も、「じゃあ、居着いてやれ！」って思って。

で、四畳半の自分の部屋には靴箱とか本が積み上げられていて、それを世紀末ふうのデザインの布で覆って、カーテンもカーペットも真っ黒で、という部屋に住んでました。中国の天女とかが貝細工されている大きなタンスを買ったりとか。防空壕みたいで。ひきこもりみたいなもんです。親は何も言わなかったけど、今思えば内心恐いって思ってたでしょうね。で、いったん家を出ると夜遊びして帰ってこない。当時はパラサイトって言葉はなかったけど、家はただの間借りですよ、間借り。家に悪霊が住み着いたようなもんです。

両親は二人とも九州出身なので、男尊女卑というか、しつけはすごい厳しい。下の弟（昭和四十七年生まれ）なんて赤ちゃんの時から怒鳴りつけられたから、自閉症になっちゃった。とにかく父は抑圧的な奴なんですね。

家は裕福だったんだけど、買い食いとかは絶対許さなかったし、物を買い込むとか贅沢は許さなかった。でも、「文化」に行くと、地方の金持ちの息子や娘がちゃらちゃらしてお金を使っているんで、私もどんどんお金を浪費するようになった。それが嫌だったんでしょう。

ある日、私が夜遊びして家に帰ると、父が玄関で仁王立ちして怒ったことがあります。それでとうとう二十七歳の時に追い出された。父が私のことを嫌になったんです。金遣いが荒いから。ついに悪魔払い！

私も親への反発心があったんで、就職してからは家に全然お金を入れないで服ばっかり買っていた。日本で一点しかないブランド物とか買って。物に執着してましたねえ。それでカード地獄で二〇〇万円くらい借金あって、リボ払いでも毎月三〇万円とか請求来て、返せなくて……。

今でもまだ返しきってないです。伊勢丹カードもセゾンカードも没収されました。そんなふうですから、母に「借金返せ」「一人で暮らしてみろ」って言われて追い出された。「ヤッタ！」って感じと「マジ？」って感じが入り交じりましたね。

両親は小さい頃から私に短大に行けって言っていた。なんでか知らないけど、とにかく大学に行って欲しかったらしい。青学とか。そのあとは銀行員かエレクトーン奏者になれって。

中三から高校生くらいの時かな、あなたは将来私達（両親）の老後の面倒を見るのよって押しつけがましく言われました。勝手に私の人生設計をしやがって、知らねえよって、口汚い言葉を吐くようになっちゃって。だからほんとに親が嫌いでしたね。

高校生時代、オジサンの間で帰宅拒否症というのが話題になりましたが、私の高校時代はまさにそれで、部活が終わっても稲毛駅の自転車置き場をうろうろしたり、本屋で時間を過ごしたりしていた。とにかく家が嫌いで。

母は高卒で花嫁修業して結婚した。まあ、それは当時は普通ですが。父は高校を卒業して九州から上京してお菓子メーカーに就職したあと、働きながら夜学か通信か知らないけど一流とは言えない大学を出たっていう人なんで、苦労人というか、やっぱり大学にコンプレックスがあったんでしょう。母とは九州の知り合いか何かの取り持ちで見合い結婚したんでしょうね。あんまりよく知らないんです。会話がないんで。

母は花嫁修業中に洋装の学校に行っていたらしく、ほんとは洋服のデザインをしたかったフシがある。だから私が「文化」に行くと言ったときも応援してくれたのだろうと思う。

父は銀座に会社があったんで、おしゃれで、会社に行くときはアイビーとかトラッド系のファッションでした。母もそういうファッションです。コンサバティブ。

だから、私が小学校六年生の時に父は『JJ』を読ませようとした。おそらく会社にあった自社広告掲載誌かなんかを持ってきたんでしょうけど。ああいうコンサバなタイプの女性になって欲しかったんでしょう。

私は当時から『JJ』見ても、ふーんって感じで関心はなかった。

あ、それと、銀座マギーの服とか買ってくるんです。今はおばちゃんの服だけど、当時はハマトラのブランドだったし。ピンクと白のサマーセーターにマリンぽい刺繍の入ったやつとか。ピンクってのがお父さんが買ってきたっぽいですね。

でも私は雑誌で買うのは『宝島』と『ビックリハウス』で、音楽はYMOを聴いたりして、高校くらいから突飛なファッションをするようになった。典型的な宝島少女、東京トンガリキッズですよ。学生時代はインディーズ系の音楽を聴いて、東京グランギニョルとか好きで。

バンドはしなかったけど、ライブハウスとかはよく行った。ＺＥＬＤＡの詞がいちばん泣けたなあ。特に当時の時代の気分として毎日聴いていたのはアルバム「ＣＡＲＮＡＶＡＬ」全部と、なかでも「うめたて」という曲。「開発地区はいつでも夕暮れ」「天鵞絨《ビロード》の島」「東京ＴＯＷＥＲ」も当時の気分。

私にＺＥＬＤＡを教えてくれたのは中二の時、塾（塾は勉強のためでなく学区外のお友達と出会うための所。今思えば学費もったいないなあ）の友達から。彼女は千葉市真砂というバリバリの埋立地住まいで「これいいよ～聴いてみな」と渡されたのが出会いで、以後高二くらいまで聴いてました。彼女は高校で一緒の学校にもなり、後に芸大受験のため八浪し、あきらめてからイギリスのアートカレッジに行きましたが、いまはどうしていることやら……。

就職してからもひたすら夜遊びで、会社が終わって朝まで踊って、家に帰って風呂入って、また会社に行くっていう、寝ない生活を一年間くらいしていた。ロンドン系の古着やゴルチエを着て。

娘がこんなんですから、父としては自分の思いどおりに娘が育たなかったことに腹を立てて、母に八つ当たりして、「おまえのせいでこんな娘になった」って、しょっちゅう蹴りを入れてました。父が機嫌が悪いと家族中がびくびくしていた。子どもが騒ぐと、うるさいって怒鳴ったり。

母は、「お父さんとお母さんがこんなふうになってしまったのはあなたのせいよ」って私に言うんです。傷つきますよねえ!! そんなこと言われて。

でも、不思議なことに、私がＹＭＯを聴き始めたきっかけは父なんです。父は実はナウな奴なんですよ。私が小六か中一のとき、父の本棚になぜかＹＭＯの「パブリックプレッシャー」のカセットがあって、それを聴いたのが始まりなんです。一発で洗脳された。

父はテレビでは「冗談画報」が好きでしたし、変わり者なんです。ファッションはトラッドとかがほんとに好きなんですけど、頭の中が奇抜だった。その血が私にも流れている。父は、自分の影響を受けた娘になって欲しくなかったんじゃないですかね。だから私が突飛なファッションをするとよけいにむかつく。もっと楚々とした女性になって欲しかった。

高校は幕張にあった。これは文部省の芸術系の実験校で、書道と美術と音楽の高校。そのとき私はチェロを専攻したので、その点だけは私は父の眼鏡にかなったようで、高校まで車で送ってくれたりしました。

そんな高校ですから、『宝島』読んでるなんて私だけでした。他の子は『音楽の友』とか読んでますから。

父はなんでもスタイルが好きなんです。子どもは品行方正で身なりもきちんとしてとか。でも自分は「冗談画報」を見ている。お笑いに関しては鋭いんです、奴は。弟が小学生の時、「おい、黒ミサ行くぞ」なんて言うんです。聖飢魔Ⅱの黒ミサです。性格が曜日によって違うんです。土曜日は「ひょうきん族」を観て一緒に笑ってたし。

でもテレビはあまりだらだら観るのはいけないとは言われてましたよ。「時間を決めて観ろ」とか。「くだらないのは観るな」とか。「夜遅くまでドラマなんか観るな」とか。母はなぜか「シルクロード」と「わくわく動物ランド」は観ろと言ってました。

私が二十歳くらいになって、家庭が崩壊してからですけど、家族そろってテレビを観るのではなく、それぞれが自分の個室でテレビを観るようになったんです。でも、実はみんな同じ特番お笑い番組かなんか観ていて、同じ場面で「あはは」って笑い声が家の各部屋から聞こえるんです。そのとき私は、「あ、まだ家族がつながってる」って思った。

私、親とスキンシップした経験が全然ないんです。あるのは物と金。クリスマスには特注のケーキとか。おもちゃもすごく良い物買ってもらったし。でもスキンシップとかスポーツを一緒にしたりとかは全然なかった。

あと家族で旅行とか。やっぱりスタイルですよ。夏休みは旅行に二回行ったりする。すると母は、「宿題の作文に、旅行に二回も行ったってちゃんと書くのよ」って言うんです。二回も旅行に行く家はほかにはあまりないんだからって。

私のマンションはコの字型に三棟建っていて、そのコの字の中に駐車場があって、そこで友だちの家族がバドミントンしていた。それを見ながら、いいなあって、私は涙を浮かべながら見ていた。私が親に「たまにはバドミントンとかで遊んでよ」って言うと、「うちは旅行に行ってるでしょ」って。

でも父は団欒スタイルは好きなんです。まだ家族が一応仲が良かった頃は、同じ部屋で面白くもないテレビを一緒に観たりとかしていましたね。

千葉に引っ越してから高校生くらいまで十年間は、日曜の夕食は、冬ならほとんど毎週鍋って決まってました。水炊きです。鶏肉の。夏は毎週鉄板焼き。

でも弟がまだ小中学生のときは、こぼしたりするから、父が「こらっ！」て怒ったりするから、険悪な雰囲気の中でしーんとしながら鍋をつついていた。

しかも父はスタイル好きだから、料亭でもないのに、具を入れる順番とかも厳しくて、間違って入れると「違うだろっ！」て怒鳴るから、いつもみんなびくびくしながら食べてた。

それと父は外食が好きだったから、日曜日は毎週のようにロードサイドのレストランなどへ家族揃って行きました。あのへんはデニーズの千葉県内一号店ができたところのはずです。日曜日にはそういう店をはしごしました。父の会社が外食産業に乗り出したことも関係していたようですが。

六本木の瀬利奈に家族で行ったこともあるなあ。良い物を体験させたいっていう気持ちもあったんでしょうね。

上の弟（昭和四十五年生まれ）と私は仲が悪いんです。可愛らしい顔をしているので、母親には愛されていた。母親に取り入るのがうまいんです。こまっしゃくれていて、それが私は嫌いだった。なんか憎たらしくていじめたんです。それで弟は円形脱毛症になっちゃった。今思うとひどいことをしたなと思います。すごい反省しているんです。今では弟にすっかり嫌われていて、親も私と弟とかかわらせないようにしています。

でも奴の本棚を見ると私と同じ傾向なんです。『宝島』の『ＶＯＷ』とか、テレビ番組関係の本とか。映画の本とか。それを見ると「姉弟だなあ」って、「こいつなかなかいい趣味してんじゃん」って思う。

この弟はアトピーで白内障になって失明したので、大学受験をあきらめたんです。その後手術して治ったんですが、今も牛乳瓶の底みたいな分厚い眼鏡をしてます。

彼はアルバイトで稼いだお金から七万円も家に入れていたんですって。私、そんなこと知らずに母に「お金頂戴よ」なんて言ったもんだから、「穀潰し」って叱られました。最近は銀座の百貨店でバイトしているらしい。今は家を出て住んでいるのが高円寺らしいんです！　正確には知りません。母が私に教えないので。

下の弟はほんとにいい子で、頭は悪くないんだけど、対人恐怖とまではいかないけど、人とコミュニケーションができないんで、高校を出てから最初に勤めた会社をいったん辞めたんだけど、今もそこでバイトをしてます。

あんまり良い子でおとなしくて、赤ちゃんの頃もミルクさえ与えておけば静かにしてたんで、親もずっと寝かしっぱなしで何も話しかけなかった。そしてある日気がついたら弟は話ができなくなってたんです。だから千葉大学にいた多湖輝先生のところに通ったんですよ。

父は子ども嫌いですが、上の弟はそれでも長男だから少しは可愛がっていました。でも下の弟のことは嫌いで、小さい頃から箸の上げ下ろしまでいちいち「コラッ、コラッ」て叱りつけていたので、そのたびに下の弟は「ビクッ、ビクッ」ってしていた。

今にして思えば、父もほんとは子どもが嫌いってわけじゃないんでしょうが、人前で子どもに「バア」とかできないんです。照れ屋のうえにプライドが高いんでしょう。だから物を買ってやって子どもの喜ぶ顔を見ようとする。

でもセンスがいいから、ちゃんと子どもが喜ぶ物を見つけてくるんですね、これが。弟は映画のビデオとかも貰ってますよ。アダルト？　違いますよ！　堅苦しい親なんだから。愛とか性とかは御法度なんですから。

基本的には働いてばっかりの父でした。そういう世代です。母も九州出身だから父のことを耐えられたんだと思う。

家庭内別居になってもう十三年くらいですかね。寝るときは別の部屋だし、朝ごはんも一応母は古くさい人間だから作るんですけど、父は絶対食べないで出ていく。自分で勝手にパンを焼いて食べて出ていったり。今でもそうです。夕飯を食べません。

ある日、母と散歩していて、夕方になったんで、「なんか夕食食べていこうよ」って言ったら、「駄目よ、お父さんにごはん作らなきゃ」って言うんです。だから私は母に、ひどいこと言ったんです。「どうせ食べないのにどうして作るの!?　仏壇にお供えしてるんじゃないんだから」って。

でも、母にしてみれば、たとえ食べなくてもごはんを作るのをやめたら、父との最後のほそーい絆さえも切れてしまうと思うのでしょう。普通の女性なら作るのやめるでしょうね。普通なら死ぬなあ。

でも母はもう帰る場所もない。両親も死んだし。田舎もないし。父の家の墓が神奈川にあるんですが、母は毎月墓参りに行って、掃除して、花を活けるんですよ！

いつからか、おそらく父は給料を家に入れなくなったらしい。それで母はパートに出たんです。五十歳のころです。

私達きょうだいは上から下まで四学年しか違わないので、私達が中学高校のころはお金がかかるでしょ。ただでさえお金がかかるのに、私が「文化」に行ったり、弟が目の手術をしたりしたので、父はゴルフの会員権を売ったんです。それで自分の楽しみが奪われたのに、娘はトチ狂ったような格好しているし、不満がたまったんでしょうね。

クルマは、千葉に引っ越してからまずブルーバードに二台乗りました。それでデニーズに行った。子どもが大きくなったらローレル。ところが家庭が崩壊してからはいきなりセリカに買い換えた！　基本的に今は自分一人で乗ってます。今は弟たちも免許取ったのでセリカを借りることがありますが、自分のためというより、母を買い物に連れて行くためとかの理由がないと借りにくいようです。弟は二人ともガールフレンドもいないいし。私も彼氏いないいし。みんな孤独ですね。

父は会社を定年直前に辞めました。会社でぶちキレたみたい。それも突然母に相談もしないで、「今日から会社行かないから」って。

なぜか？　きっと私達の世代が会社に入ってきて会社がおかしくなったんで嫌になったんじゃないですか。でもしょっちゅう会社から電話がかかってきて、呼び出されてましたが。

そんな崩壊した家庭は私の家だけかと思ってたんですが、私のマンションの向かいの棟に私の同級生が住んでいて、その子の弟もプーだったってあとからわかった。

うちの斜め上の部屋の同級生の家はお父さんがエリートで、お姉さんが美人で、小学校から私立に通っていた頭の良い人だったんですが、彼はヤンキー化しちゃった。とはいっても彼は制服の着こなしだけがヤンキーで、私服は全然チンピラっぽくなくかわいい格好で、早稲田、上智あたりに進学できる高校に行っていたのにファッションの専門学校に進学してデザイナーになり、今は銀座の広告代理店にいます。

彼がヤンキーになったのが原因なのかわかりませんが、いつのまにかその家はお父さんがいなくなり、次にその美人のお姉さんもいなくなり、最後にお母さんが気が狂って、家庭崩壊しました。

ある日私がエレベーターに乗ろうとしたら偶然そのお母さんが乗っていて、私が入ろうとするとドアをビシャっと閉めて、それでドアにはまっているガラス窓から私を見下ろしながら「えへへへ」って笑ったの。楳図かずおのへび少女みたいに。進学のことでノイローゼ気味になる母親は少なくなかったです。小学校の同じ学年の子どもで東大に行くのが二人いる、そういうマンションでしたから。

それから、A棟とC棟の間には魔界があって、交通事故が多発するんです。私の親友の同級生もそこで何回も交通事故に遭って小学校から中学校に上がるときも事故に遭って、卒業式も入学式も出られなかったくらい大怪我した。七階から赤ちゃんが転落したこともあります。そこにはどぶ川があって、引っ越してきた頃は白鷺が来ていたんですが、それが私が中一の頃には川の脇に柵ができて、川は巨大な鉄の板で蓋をされるようになった。そこであるとき子どもたちが柵を乗り越えて遊んでいたら、ある子が落ちてしまって、深いヘドロにはまって死んじゃった。その子の家は引っ越していきました。

それから、私の住んでいた学区に、十四階建てのマンションが二〇棟以上も建っているようなものすごく大きなマンション街ができたんです。そのマンション街に住んでいる子どもはみんな、新しくできた同じ小学校に通う。その学校に新しく赴任してくる教師は必ず同情して言ったそうです。「君たちは可哀想だ。クラス全員が同じ間取りの家に住んで、同じ学校に来るなんて」って。たしかに、自分の家と同じ間取りで左右反転した家に行くとどうなるかわかりますか？　平衡感覚が急に失われたようになって、壁にぶつかりながら廊下を歩くんです！

そのマンション街に、当時としては多い五人兄弟の家族がいて、兄弟が多いせいか貧乏だったんです。もちろんそんなマンションに住んでいるんだから、ほんとの貧乏じゃないですけど。

で、その兄弟のうち、私と同級生の女の子が、ちょっと頭が悪くて、チョーいじめられていた。私もいじめていたんです。それで、その子の妹は可愛くて頭も良かったんですが、その妹は、小学生の時、十四階から飛び降りて自殺しちゃった。なぜだか知りませんが。

あと、中学の同級生が二十歳の時、祖母を金属バットで殺したという事件もありました。それはニュースにもなって「あいつ馬鹿なことしたな」って話題になりましたけど。

私の小学校時代の同級生は私を含めてなぜかアパレル業界に進んだ人が多い。一クラスに六、七人もいます。たまたまでしょうけど。

小学校の頃からイッセイミヤケを着ていた女の子もいます。それは親が広告代理店でしたが。その子は仕事もイッセイとかロメオ・ジリとかでデザイナーとして働いて、アフリカ人のフリーターと結婚した。そのアフリカ人とふたりで頑張って今は六本木とかにレストランを五店経営して、実業家として成功している。

立派なアフリカ人なのに、やっぱりこういう住宅地だし、親の世代もあるし、いろいろあって、諸手をあげて祝福された結婚ではなかったみたい。

あとAV女優になった同級生もいる。同じマンションです。同級生の間では自宅通いのAVギャルとして有名だった。彼女はすっごい可愛いけど、少しダサイっていうか、田舎臭いというか、純朴な感じの子だったんです。で、おそらく原宿かどこかに行ったらスカウトされた。おニャン子クラブにスカウトされてもよかったのに、たまたまAVだった。もちろん親にはずっと内緒だったのに、「タモリ倶楽部」に出演したり、『ホットドッグ・プレス』に出たのを元宝塚の太ったおばさんが見て、「ちょっと、おたくの○○ちゃん、出てたわよ」って告げ口したんです。今、彼女は青山の家具屋さんと結婚して幸せに暮らしてます。

このAV女優の中二のときの担任（つまり私の担任でもある）がエロい教師だった。やっぱりAV女優になるだけあって、フェロモンが出るのか、そのおやじ、って言っても二十六歳くらいでしたが、いつも彼女のブルマーをじろじろ見ていました。

で、その担任が家庭訪問でうちに来た。私は生理的にいやでいやで、そいつが家に来ること自体が許せなくて、彼が帰ったあと、私、玄関に塩をまいたんです。そしたら母親に、「何するんだ！　そんな娘に育てた覚えはない」って怒鳴られてぼこぼこに殴られました。

教師の話題はまだありますよ。高二のときの担任が生物の先生で穏和な人で、いい先生だったんですが、なぜかよせばいいのに小豆相場に手を出して失敗した。それで同僚にも相談もできずに、お金ほしさに七つ道具を買い揃えて、運動神経も悪いのに幕張のスーパーに泥棒に入ったんですが、入ったその場で未遂で捕まった。

で、翌日、学校ははっきりその事件のことを説明しない。正式に○○先生は辞めましたとは言われず、「いつの間にか消去されちゃった」って感じ。それで事件から一週間くらいしたら、体育教官のすごい嫌な先生が担任になって、そいつのほうが「犯人かよ」って感じでしたけど、彼も彼なりに気をつかっていましたね。でも、私達ってしらけてるから、特になんにも感じていなかった。

あと、小学校の時、担任が新聞に投書された。その担任は、子どもが何か悪さをすると日付を押すスタンプで顔にガシャってスタンプを押した。ひどい子は一日で何個もスタンプを押されて顔中がスタンプだらけになったりして。それで父兄から「問題だ」と言われて、朝日だか毎日だかの新聞に投書されて、その後彼はスタンプをやめはしなかったけど、控えたって話もあります。

こんなふうに元同級生が人殺しをしたり、担任がつかまってたりしても、私達は驚いたり、しばらく話題にしたりはしたけれど、決して危機感を感じたり殺伐とした気持ちにはならずいつも冷めてました。クールというか。中学、高校で、体育祭にも文化祭にも皆で熱くなったりしたことがないので（部活やってただけましだったけど）私個人は未だに「青春時代っていつだったんだ？」という感じだし、今なのかもしれないなーと思ってます。ただ、しらけてたのを良しとはしてませんでしたが。まわりがしらけてるので、自分が先頭に立つのも嫌で、なんとなく過ごしてましたが、その反動か今は熱い人間に変わりました。

結婚したいとは思わないです。最近は少し揺れてますけど。幼稚園のころから「お嫁さんになりたい」って思ったことが一度もない。今思えば家庭の影響でしょうね。

でも三十歳になって、「あ、結婚って別にお父さんみたいな人としなくてもいいんだ」って思ったら、結婚したくなった。そういうことってなかなか気がつかないものじゃないですか。

それから、そういうふうに私達を直接洗脳したのは『ａｎａｎ』ですね。アンアン症候群。私が高校生から「文化」にかけて（一九八三〜八七年）は、男なんていなくても自立して生きていけるとか、二十歳で有名になるとか、サクセスストーリー的な特集ばっかりだった。『ＪＪ』みたいな、男を引きつけるファッションの女は馬鹿だとか、名指しで批判したり。『ａｎａｎ』のせいで、男に媚びる女は馬鹿だってすごい洗脳されてる。思想の雑誌でしたよね。

でもやっぱりふと寂しいですね。あんまり若いとき粋がっていて。帰宅拒否症で休みの日も家にいなかったのに、自宅を出てからはその病気もすっかり治って、今では出不精なくらい家から出ません。部屋の色も明るくなりました。あったかい黄色です。自宅の頃は、夜帰宅してからも、珍しく休みに家に居る時も、音楽の編集ばかりしていたのに、今ではほとんど音楽も聴かなくなりました。

普段は気にしてないし、笑って父の奇人ぶりを話したりしてるけど、あったかいホームドラマなど見るとやっぱり涙腺が緩みます。家族の関係をやり直したい気分です。

（年齢はインタビュー当時）

あとがき

若者は荘子である。農民である。旧石器時代人である。猿である。

いろいろな比喩を本書で使った。

いずれにしても、これまでの日本人とはまったく異なる人間が生まれている。

これまでの日本人とは、明治以来、富国強兵、殖産興業、和魂洋才、脱亜入欧、高度成長、所得倍増、追いつき追い越せで頑張ってきた日本人。

それとは違う、逆の価値観を持っているのが、今の若者。のんびりして、気楽で、あくせくせず、自然体で、肩の力が抜けて、自分を殺さない。それは人間の理想。

そもそも、そうなることを目指して、今まで頑張ってきたはず。

でも、実際そうなってみると、いろいろ問題が生まれる。戸惑いが生まれる。ぎくしゃくする。それが今の状況。

しかも、景気が悪い。少子高齢化である。年金破綻、財政逼迫である。若者が、遊んでばかりいる暇はなくなった。働きたい若者も、就職がままならず、夢も希望もない。理想社会は胡蝶の夢か。

本書は、二〇〇一年に上梓した現代若者論『マイホームレス・チャイルド』を読まれた方から依頼された原稿やインタビューを中心にして、大幅に加筆修正したものである。つまり同書の続編に当たる。そして実際に私がフリーターを雇ってみた経験も踏まえて書いてある。

なぜか二〇〇一年から二〇〇三年にかけて、私のところには就職が決まらない学生たち（その後フリーターになった者もいる）が、たびたび訪れてきた。彼らは、東大、中央大、武蔵野美術大、埼玉大学、慶応義塾大学院、法政大学大学院の学生だった。私はなかば好奇心から、彼らに仕事を頼んだ。優秀な者もいたが、そうでない者もいた。しかしみんな性格は良かった。彼らは、私が二〇〇一年につくったホームページを見たり、『マイホームレス・チャイルド』を読んだりして私に関心を持ったという者だった。あの本は、中立的、客観的に書いたためか、どうも私が現代の若者を全面的に肯定していると誤解されたようだ。

しかし二〇〇一年以降、社会情勢はいっそう悪化した。犯罪が増え、自殺が増えた。青少年による不可解な事件犯罪も後を絶たず、ひきこもり、ネット心中も問題になった。そして四〇〇万人を超えるフリーター、無業者。事態はかなり深刻だ。先日も吉祥寺で二十代の若いホームレスを見かけた。マイホームレス・チャイルドが本物のホームレスになっては洒落にならぬ。

この事態を、のんびり、お気楽、自然体の若者たちが乗り切れるのか。かなり怪しい。たしかに彼ら自身の問題もあるが、社会全体として対策を講じていかねばならない面も大きい。そのためには正しい現状認識が必要である。そのための一助に本書がなることができれば幸いである。

最後になったが、本書の元となった原稿、講演、インタビューを依頼してきて頂いた方々、私のしつこいインタビューを受けて自身を赤裸々に語って頂いた方々、お名前は省略させて頂きますが、ありがとうございました。また、歩き食べ調査を実施してくれた余語亮さん、携帯物調査を手伝ってくれた大井夏代さん、そして本書の編集者である晶文社の倉田晃宏さんに厚く御礼を申し上げます。

二〇〇五年一月　　三浦　展

初出一覧

序 日本の若者は荘子である!?　『児童心理』2002年4月号（金子書房）

1 フリーター世代の職業意識　書き下ろし

2 自分を探すな、仕事を探せ。
『ゆうゆう』2003年夏号（神奈川県青少年総合研修センター）
ＮＨＫ「インターネット・ディベート」ＨＰ寄稿文（2003年1月）
インタビュー：生き生きと仕事をしていない親父を見てたら、働く気は起きませんよ。
書き下ろし

3 真性団塊ジュニアは団塊世代の傑作か、失敗作か。
リクルートワークス研究所ＨＰ（http://www.works-i.com/）インタビュー
インタビュー：自分らしく生きろ、でも早稲田には行け。
『プシコ』2001年11月号（冬樹社）

4 都市が居間になる。　武庫川女子大学生活美学研究所講演　2003年2月

5 コンビニ文明　『熱風』2003年12月号（スタジオジブリ編集・発行）

6 歩き食べの研究　書き下ろし

7 カフェミュージック世代
インタビュー：橋本徹（アプレミディ代表）
『オリジナルコンフィデンス』2003年10月13日号（オリコン）

8 私をほしいと言ってくれるものがほしい。　書き下ろし

9『週刊自分自身』　日本新聞協会販売流通講座講演　2003年11月

10 マイホームレス・チャイルド
教育科学研究会編『教育』2003年3月号（国土社）
インタビュー：いまは家族をやり直したい気分です。
『プシコ』2001年8、9月号（冬樹社）

著者について
三浦展（みうら・あつし）
一九五八年生まれ。八二年一橋大学社会学部卒業。パルコ入社。同社のマーケティング情報誌『アクロス』の編集長となり、世代論、若者論、都市論などを展開。九〇年三菱総合研究所入社。青少年向け職業情報・体験施設「私のしごと館」の基本構想・基本計画などを担当。九九年独立。消費・都市・文化研究シンクタンク、カルチャースタディーズ研究所設立。内閣府少子化問題有識者会議、厚生労働省職業情報検討会議委員などもつとめた。
著書に『「家族」と「幸福」の戦後史』（講談社）、『マイホームレス・チャイルド』（クラブハウス）、『これからの10年　団塊ジュニア1400万人がコア市場になる！』（中経出版）、『ファスト風土化する日本』（洋泉社）、『かまやつ女の時代』（牧野出版）など。

仕事《しごと》をしなければ、自分《じぶん》はみつからない。
——フリーター世代《せだい》の生《い》きる道《みち》

二〇〇五年三月　五　日初版
二〇〇五年四月一五日二刷

著者　三浦展
発行者　株式会社晶文社
東京都千代田区外神田二-一-一二
電話東京三二五五局四五〇一（代表）・四五〇三（編集）
URL http://www.shobunsha.co.jp
壮光舎印刷・三高堂製本
© 2005 Atsushi Miura
Printed in Japan
Ⓡ本書の内容の一部あるいは全部を無断で複写複製（コピー）することは、著作権法上での例外を除き禁じられています。本書からの複写を希望される場合は、日本複写権センター（〇三―三四〇一―二三八二）までご連絡ください。
〈検印廃止〉落丁・乱丁本はお取替えいたします。

好評発売中

就職しないで生きるには　レイモンド・マンゴー　中山容訳

嘘にまみれて生きるのはイヤだ。納得できる仕事がしたい。自分の生きるリズムにあわせて働き、本当に必要なものを売って暮らす。天然石鹸をつくる。小さな本屋を開く。その気になればシャケ缶だってつくれる。ゼロからはじめる知恵を満載した必携の一冊。

自分の仕事をつくる　西村佳哲

「働き方が変われば社会も変わる」という確信のもと、魅力的な働き方をしている人びとの現場から、その魅力の秘密を伝えるノンフィクション・エッセイ。働き方研究家としてフィールドワークを続ける著者による、新しいライフ&ワークスタイルの提案。

世界がどんなになろうとも役立つ心のキーワード　香山リカ

コンプレックス、強迫神経症、パニック障害、境界例、ひきこもり……心についての不安をみんなが抱えて生きている時代。でも基本的な知識をおさえておけばだいじょうぶ。世界がどんなにタイヘンでも、心の持ちようでなんとかなるさ。

ひきこもり支援ガイド　森口秀志ほか編著

いまや全国で 100万人いるといわれるひきこもり。どこで相談にのってもらえるだろうか？　行政ではどんな対応をしてくれるのか？　医療機関をさがすには？　ひきこもり体験者や専門家の声をまじえて、各地の支援団体や自助グループの活動を紹介する。

軟弱者の言い分　小谷野敦

体が丈夫な奴なんか友達に持ちたくない！　軟弱者で何が悪い。自分さがしの胡散臭さ、いじめられっ子の怨み、ベストセラー小説への疑問……。誰もが恐くて口にしなかったあんなことこんなこと、強者仕様の世の掟に物申す、言いたい放題エッセイ集。

「新しい家族」のつくり方　芹沢俊介

いま、わたしたちの家族はどこに行こうとしているのか。著者は考える。例えば、「できちゃった婚」が年間出産の25%になった（2000年）。これは、愛とセックスの分離であり、そこから子どもへの愛は生まれるのだろうか、と。気鋭の評論集。

世界はもっと豊かだし、人はもっと優しい　森達也

日本はオウムで、世界は9・11でむき出しになった。メディアは「右へならえ」的な思考停止状態に陥り、憎悪をかきたてられた市民は他者への想像力を衰退させる。いま私たちにできることは何か？　21世紀への希望を込めたノンフィクション・エッセイ。